EERSTE EDITIE - Gepubliceerd in 2022

Extra grafisch materiaal van: www.freepik.com
Dank aan: Alekksall, Starline, Pch.vector, Rawpixel.com,
Vectorpocket, Dgim-studio, Upklyak, Macrovector,
Stockgiu, Pikisuperstar & Freepik.com Designers

Ontdek gratis online spelletjes

Hier verkrijgbaar:

BestActivityBooks.com/FREEGAMES

5 TIPS OM TE BEGINNEN!

1) HOE OP TE LOSSEN

De Puzzels zijn in een Klassiek Formaat:

- Woorden worden verborgen zonder pauzes (geen spaties, streepjes, ...)
- Oriëntatie: Voorwaarts & Achterwaarts, Boven & Beneden of in Diagonaal (kan in beide richtingen)
- Woorden kunnen elkaar overlappen of kruisen

2) ACTIEF LEREN

Naast elk woord is een spatie voorzien om de vertaling te noteren. Om actief te leren vindt u een **WOORDENBOEK** aan het einde van deze editie om uw kennis te controleren en uit te breiden. U kunt elke vertaling opzoeken en opschrijven, de woorden in de puzzel vinden en ze vervolgens aan uw woordenschat toevoegen!

3) TAG JE WOORDEN

Hebt u al geprobeerd een labelsysteem te gebruiken? U zou bijvoorbeeld de woorden die moeilijk te vinden waren kunnen markeren met een kruis, de woorden die u leuk vond met een ster, nieuwe woorden met een driehoek, zeldzame woorden met een ruit enzovoort...

4) ORGANISEER UW LEREN

Wij bieden ook een handig **NOTITIEBOEKJE** aan het eind van deze uitgave. Of u nu op vakantie, op reis of thuis bent, u kunt uw nieuwe kennis gemakkelijk ordenen zonder dat u een tweede notitieboek nodig hebt!

5) AFGESLOTEN?

Ga naar de bonussectie: **FINAAL UITDAGING** om een gratis spel te vinden dat aan het einde van deze editie wordt aangeboden!

Wil je meer leuke en leerzame activiteiten? Het is Snel en Eenvoudig!
Een hele collectie spelboeken slechts **één klik verwijderd!**

Vind uw volgende uitdaging bij:

BestActivityBooks.com/MijnVolgendeBoek

Klaar... Start!

Wist u dat er zo'n 7000 verschillende talen in de wereld zijn? Woorden zijn kostbaar.

We houden van talen en hebben hard gewerkt om de boeken van de hoogste kwaliteit voor u te maken. Onze ingrediënten?

Een selectie van onmisbare leerthema's, drie grote plakken plezier, dan voegen we er een lepel moeilijke woorden en een snuifje zeldzame woorden aan toe. We serveren ze met zorg en een maximum aan verrukking, zodat je de beste woordspelletjes kunt oplossen en veel plezier beleeft aan het leren!

Uw feedback is essentieel. U kunt een actieve bijdrage leveren aan het succes van dit boek door een recensie achter te laten. Vertel ons wat u het meest beviel in deze editie!

Hier is een korte link die u naar uw bestelpagina brengt:

BestBooksActivity.com/Recensies50

Bedankt voor uw hulp en veel plezier met het spel!

Linguas Classics

1 - Metingen

```
N  I  M  U  N  C  I  A  M  G  A  P  I  S
O  I  I  D  C  W  R  H  A  Z  P  R  N  E
B  Q  N  N  E  J  D  L  S  D  E  O  J  X
Z  U  U  H  N  C  M  U  S  T  M  F  Z  T
B  Y  T  E  T  I  I  E  A  O  O  U  A  A
K  S  I  Z  I  N  W  M  T  G  K  N  G  R
C  B  S  X  M  C  L  K  A  R  P  D  L  I
G  T  O  N  E  H  T  I  Z  L  I  U  I  U
L  R  G  J  T  L  D  L  H  W  E  M  T  M
A  R  A  P  E  O  P  O  N  D  U  S  E  T
D  V  C  M  R  B  Z  G  T  R  W  J  R  O
X  G  R  A  D  U  S  R  X  X  R  W  S  X
D  G  U  N  U  O  L  A  T  I  T  U  D  O
U  U  Q  K  I  L  O  M  E  T  E  R  G  Q
```

LATITUDO	KILOGRAM
BYTE	KILOMETER
CENTIMETER	LITER
DECIMALES	MASSA
PROFUNDUM	METRI
PONDUS	MINUTIS
GRADUS	UNCIAM
GRAM	SEXTARIUM
INCH	TON

2 - Keuken

```
P H D S C F A G D K L L D M
O Y R C Y H R Q M T R E W A
C D Q Y S P O N G I A O G U
U R N P E A M X N P Q Z E R
L I A H Z N A M T J U Y C I
A A Z O N X T J W O W C H S
B U A S T U A G L R G O O C
C R A T I C U L A M N N P L
I R R T R I D E N T E S S I
B N A Q X K L B J G L E T B
U L G T F P E E F Y O Q I A
M R D W E B H T I C C U C N
W P K U Q R Q E Q F Z A K O
F H B S U D A R I O I T S E
```

POCULA
CHOPSTICKS
CRATICULAM
LEBETE
LEO
CRATER
HYDRIA
SCYPHOS

CLIBANO
CONSEQUAT
SUDARIO
AROMATA
SPONGIA
CIBUM
TRIDENTES
MAURIS

3 - Boten

```
I K C P N A C S Y R L B Q G
B O S A O B J Y B A I U N I
V Z S A N R E Q M T N Y A G
K A Y A K T T J N I T A U F
Z H R N I K A T O S E C T L
N G G C O W V V I E R H A U
A R A H N W B T I T F T S M
N E B O L A C U S T O P F E
A G S R O C E A N U M R L N
V E A T S U S T I N E O U O
I M R F U N E M D T Y K C T
S E Q K C S E Q I P A D T D
M A R E N G I N E U E D U P
U E W X T N A U T I C I S D
```

ANCHOR	ENGINE
CANTAVIT	NAUTICIS
SUSTINEO	OCEANUM
GREGEM	FLUMEN
FLUCTUS	AESTUS
YACHT	FUNEM
KAYAK	PORTTITOR
LINTER	RATIS
NAUTA	MARE
LACUS	NAVIS

4 - Chocolade

```
E D Z V S H J B Q G C X D I
U X A A A U K B I U O W E N
D F O R D C G P K S N P L G
U W A T K M E A E T S U E R
L A N I I B B V R U E L C E
C P T S M C Q E N S Q V T D
I P I A Z J A N V H U E A I
S E O N V Z C T D B A R M E
E T X A O N D U O M T I E N
L I I L X N W S L T I S N S
L T D D M D Z W O K M I T I
Q U A L I T A S R A E C U T
A S N A M A R A O G T Q M L
J U T A D I P I S C I N G E
```

ANTIOXIDANT
ARTISANAL
AMARA
ADIPISCING
EXOTIC
VENTUS
DELECTAMENTUM
INGREDIENS

DOLOR
QUALITAS
PULVERIS
CONSEQUAT
GUSTUS
SUGAR
APPETITUS
DULCIS

5 - Tijd

```
B  I  U  N  X  C  S  C  F  P  B  I  S  C
V  Q  N  O  Z  X  D  A  U  O  Q  C  X  V
K  A  S  C  R  C  O  L  T  S  Q  G  Y  B
V  M  X  T  N  D  A  E  U  T  C  T  N  W
A  A  Z  E  M  I  L  N  R  N  U  N  C  Z
J  N  W  R  H  E  E  D  U  U  K  R  O  P
C  E  N  T  U  R  Y  A  M  D  J  R  M  M
A  C  B  U  W  S  B  R  Y  H  O  D  I  E
U  N  R  I  A  S  H  N  J  O  L  N  N  N
W  Q  N  A  O  B  T  N  M  R  K  I  U  S
R  A  G  O  S  J  R  W  V  A  G  I  T  E
H  O  R  O  L  O  G  I  U  M  R  D  I  B
L  M  E  R  I  D  I  E  S  I  O  S  S  C
D  E  C  E  N  N  I  U  M  H  E  R  I  Y
```

DIE	MINUTIS
DECENNIUM	CRAS
CENTURY	POST
HERI	NOCTE
ANNO	NUNC
ANNUA	MANE
CALENDAR	FUTURUM
HOROLOGIUM	HORA
MENSE	HODIE
MERIDIES	

6 - Meditatie

```
D  M  T  Y  E  Y  A  M  O  T  U  S  M  O
C  S  T  A  T  U  R  A  M  N  M  N  E  B
X  L  O  I  H  L  T  L  S  P  Z  A  N  S
A  N  A  P  A  C  E  M  I  L  F  T  T  E
F  Y  C  R  I  F  P  O  L  I  O  U  I  R
E  G  C  O  I  M  W  L  E  C  P  R  S  V
L  R  E  S  C  T  Q  Q  N  D  E  A  Q  A
I  A  P  P  J  I  A  E  T  N  R  Y  Z  T
C  T  T  E  T  M  U  S  I  C  A  C  Z  I
I  I  I  C  H  O  C  E  U  Z  M  I  G  O
T  A  O  T  X  P  Q  H  M  Z  T  F  B  N
A  J  A  U  H  U  S  P  I  R  A  N  S  E
S  T  C  M  A  F  F  E  C  T  U  S  Q  G
C  O  G  I  T  A  T  I  O  N  E  S  D  D
```

OPERAM	STATURAM
ACCEPTIO	MENTIS
SPIRANS	MUSICA
MOTUS	NATURA
GRATIA	OBSERVATIONE
AFFECTUS	PROSPECTUM
COGITATIONES	SILENTIUM
FELICITAS	PACEM
CLARITAS	

7 - Zomer

```
G V Y Q X O S F I C K X F P
I A I A R T I V B I D F K W
K Q U J B I D L K B M Q J R
K D X D G U E X Z U A K R S
E G X L I M R G Y M R S L A
B E A C H U A D C L E U I N
T R A V E L M C O J D P F D
M U S I C A E A N M L W A A
A Z S D Z A M S S W U U M L
S M H B D S O T E Z D M I I
E P I R R C R R Q U O R L A
S F V C A F I A U K S H I A
I D Z V I T A G A X N R A A
H O R T U S G L T F M M P C
```

FAMILIA
LUDOS
MEMORIA
DOMUM
CASTRA
MUSICA
CONSEQUAT
TRAVEL
SANDALIA

SIDERA
BEACH
HORTUS
CIBUM
GAUDIUM
AMICIS
OTIUM
MARE

8 - Vogels

```
E B G V R J K V V F P P W S
C R P U L L U M H L S E P T
I O U T L U H V E A I L A R
C M T K F L M J R M T I S U
O C C J M P A V O I T C S T
N O C T U A N Z N N A A E H
I L O D E C A O B G C N R I
A U R T R C T N V O U A M O
O M V H Z I I T S U S E Q N
E B U I R P S O K E M W H E
A A S I S I S U W Q R U O M
P M X C U T Q C F Y Y E C M
Y F A O T E Y A S W A N M C
U E K X P R D N C U C K O O
```

COLUMBAM
ANATIS
OVUM
FLAMINGO
ANSEREM
ACCIPITER
PULLUM
CUCKOO
CORVUS
GULL

PASSER
CICONIA
PSITTACUS
PAVO
PELICAN
HERON
STRUTHIONEM
TOUCAN
NOCTUA
SWAN

9 - Behoud

```
E N Q C O N J O P T P N R J
O C A E L I S R O B E A E P
C Q O D J W S G L D S T D L
I U B S R J A A L M T U U N
A K R J Y K L N U K I R C U
E V Q S Z S U I T L C A E L
P P X X U W T C I R I L R L
F F Y J G S E E O H D I E A
E H M L Y H M D M A E S E M
C H E M I C A L S B Q S T E
C U R A P M A A L I Q U A M
E D U C A T I O N T D D A R
U D P P B R O A C A O G A E
V I R I D I S W M T A B V O
```

CHEMICALS
NULLAM
ECOSYSTEM
CURSUS
SALUTEM
VIRIDIS
HABITAT
CAELI
ALIQUAM

NATURALIS
EDUCATION
ORGANIC
PESTICIDE
REDUCERE
POLLUTIO
AQUA
CURA

10 - Wiskunde

```
E  A  P  E  R  I  M  E  T  E  R  P  T  D
X  R  C  R  E  D  O  B  C  Y  Z  O  R  A
P  I  D  E  C  I  M  A  L  E  S  L  I  N
O  T  A  P  T  A  S  A  Y  G  P  Y  A  G
N  H  E  R  A  M  S  S  I  R  A  G  N  U
E  M  Q  A  N  S  U  M  M  A  R  O  G  L
N  E  U  E  G  P  R  M  Q  D  A  N  U  I
T  T  A  D  U  H  A  O  U  U  L  U  L  F
J  I  T  I  L  A  D  R  U  S  L  M  U  R
C  C  I  T  U  E  I  N  U  O  E  W  M  A
H  A  O  I  M  R  U  F  Q  J  L  E  R  C
E  U  C  S  I  A  S  H  H  H  A  L  Q  T
S  G  E  O  M  E  T  R  I  A  R  Z  Q  I
L  B  W  L  V  D  I  V  I  S  I  O  R  O
```

SPHAERA	PERIMETER
DECIMALES	PARALLELA
DIAM	RECTANGULUM
DIVISIO	ARITHMETICA
TRIANGULUM	SUMMA
EXPONENT	RADIUS
FRACTIO	PRAEDITIS
GEOMETRIA	POLYGONUM
GRADUS	AEQUATIO
ANGULI	

11 - Camping

```
H  H  V  W  V  F  M  C  A  S  U  S  C  J
L  A  C  U  S  O  D  O  M  A  P  G  A  W
S  T  M  V  R  E  N  J  N  G  J  Y  M  W
S  A  W  M  L  U  N  A  H  T  G  J  E  F
I  B  B  K  O  R  L  I  N  T  E  R  R  J
L  E  I  M  Y  C  P  G  I  N  S  M  A  K
V  R  M  Q  L  D  K  N  C  W  X  W  M  V
A  N  A  T  U  R  A  I  W  O  V  U  G  H
W  A  R  B  O  R  E  S  U  K  R  U  P  C
C  C  D  E  C  I  M  A  T  F  T  N  F  S
W  U  V  E  N  A  T  I  O  N  E  V  U  H
G  L  A  N  I  M  A  L  I  A  E  O  N  T
Y  U  O  R  S  I  K  M  Z  K  V  S  E  J
C  M  I  N  S  E  C  T  I  K  N  S  M  Y
```

CASUS	VENATIONE
MONTEM	MAP
ARBORES	LINTER
SILVA	DECIMA
IGNIS	CORNU
CAMERAM	LUNA
ANIMALIA	LACUS
HAMMOCK	NATURA
HAT	TABERNACULUM
INSECT	FUNEM

12 - Activiteiten

```
B  Z  P  I  C  T  U  R  A  Z  G  K  V  C
U  M  N  I  Q  F  V  Y  K  Z  G  N  O  O
R  D  E  V  S  L  E  X  E  N  A  I  L  M
N  E  P  S  T  C  N  L  Y  S  R  T  U  M
C  A  S  T  R  A  A  U  E  S  D  T  P  O
M  C  U  O  T  I  T  N  I  W  E  I  T  D
H  T  T  T  F  C  I  A  D  O  N  N  A  I
K  I  U  I  P  Y  O  B  N  I  I  G  T  S
L  O  R  U  N  L  N  S  B  I  N  K  E  N
I  E  A  M  V  U  E  P  S  B  G  L  M  Y
L  G  C  O  N  S  E  Q  U  A  T  U  A  Y
C  P  H  T  A  R  T  E  S  F  P  D  G  J
A  R  T  E  I  L  T  P  K  L  G  O  I  B
J  N  X  F  V  O  A  V  Q  S  G  S  A  W
```

ACTIO	ES
ARTES	LECTIO
COMMODIS	MAGIA
KNITTING	SUTURA
CONSEQUAT	VOLUPTATEM
LUDOS	PICTURA
PISCANDI	GARDENING
VENATIONE	ARTE
CASTRA	OTIUM

13 - Vormen

```
P R I S M A R C O T R K Q U
A Q O S R B B V R R E B U E
R S P H A E R A A I C A A V
T C O C U R V A S A T D D P
E Z L L I N E A M N A P R N
W T Y S M R U U N G N Y A B
A N G U L O C Z H U G R T C
O K O N E C C U F L U A U A
K K N I P L U H M U L M M Q
T B U F Y S L B R M U I K J
U Z M M T U H I U I M D R V
C Y L I N D R O P S F I P B
L G G Q C O N I K S K S S D
C I R C U L U S Y E I R J P
```

SPHAERA	LINEA
ARC	ELLIPSI
CYLINDRO	PYRAMIDIS
CIRCULUS	PRISMA
CURVA	ORAS
TRIANGULUM	RECTANGULUM
ANGULO	CIRCUM
PARTE	POLYGONUM
CONI	QUADRATUM
CUBUS	

14 - Astronomie

```
C A S T R O L O G U S C R A
U S T E L E S C O P I U M E
Y T S T E L L A D V D N P Q
T R O A A I R X B L U I L U
C O M E T A O X R U S V A I
J N V E S E E M L N O E N N
E A T Y X F L Y S A B R E O
R U D E Z C F L J F K S T C
U T D A R N K Y E M N I A T
C R Y A V R E C O S M O S I
A H E D K U A B Z M Q V Z U
R A D I A L I S U L A B J M
M E T E O R O N S L W R D R
A S T E R O I D E M A Q W L
```

TERRA
ASTEROIDEM
ASTRONAUT
ASTROLOGUS
AEQUINOCTIUM
COMETA
COSMOS
LUNA
METEORON

NEBULA
PLANETA
ERUCA
SATELLES
STELLA
SIDUS
RADIALIS
TELESCOPIUM
UNIVERSI

15 - Emoties

```
S  I  G  A  K  T  R  I  S  T  I  T  I  A
Y  R  C  X  I  E  B  E  J  M  H  N  T  G
M  A  Z  L  C  N  N  F  M  A  U  J  R  R
P  A  C  E  M  E  E  X  X  F  I  M  D  A  A
A  S  W  X  D  R  G  S  E  X  S  K  N  T
T  I  O  C  H  I  A  M  O  R  L  S  Q  U
H  O  S  I  J  T  U  S  A  T  I  S  U  M
I  M  N  T  V  U  D  W  L  F  V  F  I  M
A  I  T  A  E  D  I  U  M  A  R  B  L  L
C  R  M  T  Z  I  U  C  K  V  F  X  L  K
T  U  E  U  J  N  M  F  D  P  D  D  I  F
L  M  T  R  F  E  F  B  R  G  O  T  T  O
F  U  U  A  Q  M  B  O  Q  F  W  R  A  F
D  U  S  O  N  E  R  O  S  A  U  K  S  P
```

METUS	SYMPATHIA
ONEROSA	TENERITUDINEM
GRATUM	SATIS
TRISTITIA	MIRUM
TRANQUILLITAS	TAEDIUM
AMOR	PACEM
REMISSUM	GAUDIUM
EXCITATUR	IRA

16 - Vakantie #2

```
O  H  G  G  O  I  A  M  A  R  E  G  N  S
U  O  U  K  T  A  X  I  O  B  U  Q  U  I
O  T  T  C  A  S  T  R  A  N  H  J  L  N
F  E  R  I  A  S  M  S  O  V  T  T  L  G
W  L  Q  A  U  U  P  C  F  G  H  E  A  R
L  N  R  K  A  M  A  P  T  F  G  I  S  A
Y  H  A  M  E  T  Z  R  J  V  D  T  X  P
E  I  L  A  B  C  O  M  I  T  A  T  U  H
L  T  O  L  Z  E  V  I  S  A  W  I  P  U
I  E  X  I  S  J  A  G  Q  K  W  X  Y  S
T  R  A  E  M  M  S  C  C  I  E  C  B  T
R  R  I  N  S  U  L  A  H  I  V  J  M  W
N  L  P  A  P  E  R  E  G  R  I  N  U  S
T  A  B  E  R  N  A  C  U  L  U  M  N  H
```

MONTES	AMET
PEREGRINUS	BEACH
ALIENA	TAXI
INSULA	TABERNACULUM
HOTEL	COMITATU
MAP	FERIAS
CASTRA	NULLA
ELIT	VISA
SINGRAPHUS	OTIUM
ITER	MARE

17 - Weersomstandigheden

```
M  D  I  L  U  V  I  U  M  Q  T  L  J  T
Y  E  L  J  I  K  B  J  C  A  O  M  C  E
C  A  E  L  I  F  I  A  H  K  R  A  A  M
H  T  O  P  S  A  E  R  I  S  T  U  E  P
O  R  T  O  N  I  T  R  U  A  O  R  L  E
H  O  U  L  A  P  C  I  T  Z  R  I  U  S
U  P  R  A  V  Z  A  C  C  Z  A  S  M  T
M  I  B  R  I  A  L  V  I  E  M  L  P  A
I  C  O  V  A  N  I  D  E  T  J  C  R  S
D  A  O  F  U  L  G  U  R  N  A  S  M  N
U  L  X  R  A  R  O  W  J  B  T  T  H  U
M  P  R  O  C  E  L  L  A  E  N  U  E  B
Z  E  T  E  S  I  A  S  Q  B  X  Y  S  E
V  E  J  T  P  Q  P  X  U  O  T  K  Y  S
```

AERIS	DILUVIUM
FULGUR	POLAR
TONITRUA	MAURIS
SICCITATE	TEMPESTAS
CAELUM	TORTOR
ICE	TURBO
CAELI	TROPICAL
CALIGO	HUMIDUM
ETESIA	VENTUS
PROCELLAE	NUBES

18 - Strand

```
P U R A M I S N C W B S V O
Y X T B D O M A R E L O D C
U W L T H X M V N P U L H E
A J W J D Z J I D D E R Q A
Z R Z N C A V S N M A A M N
K Y E L A C U N A S E L T U
M T Y E N A V I F L U F I M
D B T B F N D M R I M L T A
T Y Y P U C O R A F B I A O
D C J L H E C B Z J R N P V
X D B K O R G B Q Z E T J R
H A R E N A F V X P L E L Y
G R E G E M H Q N J L U R O
P F W A N P Z T Y C A M Q H
```

BLUE
NAVI
GREGEM
INSULA
LINTEUM
CANCER
ORA
LACUNA

OCEANUM
UMBRELLA
REEF
SANDALIA
HARENA
MARE
NAVIS
SOL

19 - Eten #2

```
R  A  F  X  P  P  P  U  L  L  U  M  R  L
N  P  P  R  E  P  A  A  V  F  D  C  E  G
W  P  I  K  R  I  N  L  H  A  M  A  K  K
S  L  L  O  S  S  E  G  G  P  L  A  N  T
C  E  D  V  I  C  M  E  Y  I  H  T  S  D
E  A  Z  U  C  E  V  N  O  N  O  R  P  D
L  S  S  M  U  S  J  T  G  E  W  I  C  Z
E  P  H  E  M  G  N  E  U  A  V  T  X  H
R  A  R  C  U  I  S  M  R  P  Z  I  C  F
I  R  I  C  E  S  U  K  T  P  Q  C  U  I
S  A  A  H  V  E  V  I  N  L  G  U  Z  R
Q  G  K  S  Z  V  W  W  G  E  A  M  M  O
U  U  M  Q  V  I  G  I  L  A  N  T  E  M
E  S  R  U  B  U  S  I  D  A  E  U  S  W
```

VIGILANTEM	RUBUS IDAEUS
PINEAPPLE	HAM
APPLE	CASEUS
ASPARAGUS	PULLUM
EGGPLANT	KIWI
ALGENTEM	PERSICUM
PANEM	RICE
SCELERISQUE	TRITICUM
UVA	PISCES
OVUM	YOGURT

20 - Klimmen

```
D D G L R F V E U A E R I S
B U I R E O V P S N C J N T
D V C S E R N N T G J R I V
M F A E C T D G A U Z C U F
G K V Z S I Q G B S R O R T
N M E W Y T P A I T Y R I A
C A E S T U S L L A A P A B
Z P L E T D J E I S J O M E
W A Q T K O G A T N K R G R
I E K Q I Y W M A H A I I N
B U Y K V T Q F T X H S I U
K X L N T X U M E U U J P S
P E R I T U S D M J E R Z C
F M K Q C U R I O S I T A S
```

AERIS
PERITUS
CORPORIS
DUCES
CAVE
CAESTUS
GALEAM
ALTITUDO

MAP
FORTITUDO
TABERNUS
INIURIAM
CURIOSITAS
DISCIPLINA
ANGUSTA
STABILITATEM

21 - Gymnastiek

```
S  J  Q  A  W  Z  A  M  H  G  G  A  O  M
M  A  N  U  S  X  S  V  Y  Y  Y  G  F  U
S  X  L  T  G  X  L  H  J  M  M  I  R  S
C  I  M  I  R  U  Q  Z  A  N  N  L  J  I
F  P  N  R  E  Y  Y  D  A  I  A  I  Q  C
E  X  E  G  N  N  P  O  C  C  S  T  E  A
Z  J  M  L  U  J  D  L  C  I  I  A  A  M
C  M  U  O  N  L  G  O  U  S  U  T  M  G
K  K  V  U  O  E  I  R  M  C  M  E  M  N
E  W  V  N  Z  W  C  S  S  X  R  M  X  U
J  Y  P  R  A  E  D  A  A  L  O  E  Z  W
I  U  D  E  X  K  Q  K  N  Z  U  M  T  E
F  O  R  T  I  T  U  D  O  V  P  L  T  A
V  T  J  T  O  Y  K  Y  V  V  Y  J  C  L  L
```

ACCUMSAN	MUSICA
GYMNASIUM	IUDEX
GYMNICIS	UNO
MANUS	SALIENDO
SINGULIS	DOLOR
FORTITUDO	RAEDA
CRETA	AGILITATEM

22 - Geologie

```
M A U R I S F P C A J P I V
P V F J K K U L R C Q S Z U
Y Y Q T T X S A Y I S R N R
K W O T T W I T S D A A W T
S P E C U S L E T U C C L E
M Z R F S C E A A M C O S R
C A L C I U M U L X U N V R
G U A O Q T R Z S O M T O A
E M V R E U M F O S S I L E
Y X A A B Z A G Z C A N C M
S A E L P C Y R H L N E A O
E U Q S T O N E T E G N N T
R Q Y Q A R B Z I Z L S O U
J Q Y S T A L A C T I T E S
```

TERRAEMOTUS	QUARTZ
CALCIUM	ACCUMSAN
CONTINENS	LAVA
EXESA	PLATEAU
FOSSILE	STALACTITE
GEYSER	STONE
FUSILE	VOLCANO
SPECUS	MAURIS
CORAL	SAL
CRYSTALS	ACIDUM

23 - Specerijen

```
F  A  E  N  I  C  U  L  I  X  Q  B  D  V
G  M  Q  H  N  U  T  M  E  G  S  U  E  A
Y  A  D  U  L  C  I  S  Q  R  A  F  J  N
W  R  C  C  Y  F  Y  A  Y  O  P  L  U  I
C  A  C  T  E  R  I  A  Y  N  O  Y  S  L
R  O  B  E  I  P  R  A  G  N  R  V  T  L
O  I  R  P  H  C  A  Q  Z  P  E  A  C  A
C  H  P  I  A  M  O  M  U  M  M  L  U  C
U  I  C  P  A  P  R  I  K  A  O  L  R  I
S  O  H  E  A  N  E  T  H  U  M  I  R  D
K  N  L  R  P  P  D  S  U  E  U  U  Y  U
P  U  R  U  S  N  U  R  A  X  A  M  T  M
G  I  N  G  I  B  E  R  I  L  P  F  F  J
S  L  I  Q  U  I  R  I  T  I  A  E  U  M
```

ANETHUM	PAPRIKA
AMARA	PIPER
PURUS	CROCUS
LIQUIRITIAE	SAPOREM
GINGIBER	CEPA
AMOMUM	VANILLA
CURRY	FAENICULI
ALLIUM	DULCIS
CORIANDRI	SAL
NUTMEG	ACIDUM

24 - Groenten

```
S  C  D  K  X  M  A  L  L  I  U  M  R  C
E  P  A  X  E  G  G  P  L  A  N  T  A  U
M  E  I  X  F  E  W  X  I  D  B  W  D  C
S  T  L  N  P  N  I  C  U  U  W  V  I  U
H  R  I  D  A  U  C  U  S  B  M  K  C  R
A  O  V  E  I  C  U  C  U  M  I  S  U  B
L  S  O  C  A  E  H  B  N  G  H  L  L  I
L  E  R  L  B  P  E  P  K  I  E  D  A  T
O  L  A  N  I  A  L  G  E  N  T  E  M  A
T  I  P  X  A  V  O  J  J  G  L  H  C  O
D  N  A  P  B  R  A  S  S  I  C  A  W  I
I  U  P  I  S  U  M  E  Y  B  P  C  B  M
U  M  K  C  A  C  T  U  S  E  X  E  O  N
F  U  N  G  O  R  U  M  I  R  U  S  W  A
```

CACTUS	PETROSELINUM
EGGPLANT	CUCURBITA
BRASSICA	RAPA
ALGENTEM	RADICULA
PISUM	SEM
GINGIBER	APIUM
ALLIUM	SHALLOT
CUCUMIS	SPINACH
OLIVAE	CEPA
FUNGORUM	DAUCUS

25 - Dans

```
L K Z C U T C N U M E R O V
E A G Z N R L V T A F H P B
B S E B N A A S O C I U M C
M D H T O D S F I A Z M E E
G M J T A I S V F D F S C X
C U O R H T I I C E K M E P
O S C T I U C S U M C B K R
R I S U U M A U L I X T C E
P C V R B S L A T A V L U S
U A L E C F T L U E P Y M S
S V Z S T A T U R A M R M I
C H O R E O G R A P H Y P V
C U L T U R A E G L K M L U
E I G R A T I A F H E W G M
```

ACADEMIAE
MOTUS
LAETA
CHOREOGRAPHY
CULTURAE
CULTURA
AFFECTUS
EXPRESSIVUM
GRATIA

STATURAM
CLASSICAL
ES
CORPUS
MUSICA
SOCIUM
NUMERO
TRADITUM
VISUAL

26 - Sport

```
L K X W R Q S J D T M G W C
U G Y M N A S I U M O W N O
D C L C M J E W R M T X D N
I V I C T O R D V Q U F Y S
O D G L U D U M A E S L W E
L U O E D B A S E B A L L C
U L L Q C E T R D A G H T
D T F N O X D I H B X V P E
I R A P O R I O E L M J C T
U I I R J E D R I L E N R U
S C V I N D I C I A E T E E
B E T R I S T I Q U E A A R
U S T A D I U M E R U J G S
R E F E R E N D A R I U S N
```

ATHLETA
ULTRICES
MOTUS
GOLF
GYMNASIUM
CONSECTETUER
BASEBALL
VINDICIAE

REFERENDARIUS
LUDUM
LUDIO LUDIUS
STADIUM
DOLOR
TRISTIQUE
RAEDA
VICTOR

27 - Mythologie

```
O  M  I  O  P  I  N  I  O  N  E  S  H  V
D  O  O  N  C  W  N  S  Q  S  A  I  E  W
A  N  C  R  E  A  T  U  R  A  S  T  R  A
F  S  C  A  I  T  E  M  R  N  N  W  O  L
L  T  P  W  O  B  W  L  F  O  W  Y  S  E
F  R  O  P  T  C  U  G  U  U  G  R  L  G
O  U  L  U  D  B  A  S  M  M  L  P  H  E
R  M  F  R  V  A  U  G  O  F  J  G  L  N
T  O  N  I  T  R  U  A  R  I  U  V  U  D
I  C  L  A  D  I  S  J  T  L  D  L  F  R
T  T  R  I  U  M  P  H  A  N  T  E  S  O
U  Z  E  L  U  S  B  E  L  L  A  T  O  R
D  C  F  V  A  R  C  H  E  T  Y  P  U  M
O  Z  Z  S  C  U  L  T  U  R  A  U  B  F
```

ARCHETYPUM	BELLATOR
FULGUR	LEGEND
CULTURA	MONSTRUM
TONITRUA	OPINIONES
MORIBUS	CLADIS
HEROS	MORTALE
CAELUM	TRIUMPHANTES
ZELUS	CREATURA
FORTITUDO	

28 - Vakantie #1

```
C M U A C I W D U V V X R E
O O M L O L D I D I I I I X
N N B I N A S S N D V Y T P
S E R Q S C P C X U A B I E
E T E U U T E P L M V N D
Q Æ L A E S S S U U W E I
U A L M T T V S M S S Z R T
A Q A C U M I U L U T H A I
T G Z X D B A M Y U S V R O
T R A M I O T N I Z W E I N
L D G W N U O U T Y X C U E
P Y L D E X R S A I W A M M
A W X B S Z H I D S C R G I
K L C Y M Q R W N H O A P S
```

CAR	UMBRELLA
CONSUETUDINES	ITINERARIUM
EXPEDITIONE	MANTICA
ALIQUAM	VIATOR
VIDULUS	TRAM
LACUS	MONETÆ
MUSEUM	DISCESSUM
CONSEQUAT	VIVAMUS

29 - Eten #1

```
Q W Q Y G S A A U L B L A S
I I T N Q Y E L D D L E N P
P E R S I C U M L N Y M B I
D P E L I T J E H I N O A N
U A I F T U J R O P U N S A
U R U R O N K O R W L M I C
T G M C U A R S D L A C L H
G K N A U M C U E N Z M I S
V K D P O S I G U C Q Q U E
S U C U S A B A M Y L P S M
X A O L Q L U R F R A G U M
S N N U S D M C E P A J W H
U N X S B S E V B Z P Y A F
O P V U B D L M N P T N K A
```

FRAGUM
PERSICUM
BASILIUS
LEMON
HORDEUM
ALLIUM
CAPULUS
LAC
PIRUM
EROS

SEM
SUCUS
ELIT
SPINACH
SUGAR
TUNA
CEPA
CIBUM
DAUCUS
SAL

30 - Avontuur

```
D P Q G W G P N O V U M S I
I E V N W A R A W B L I T N
F R Z M A U A V W F R R U S
F E R N A D E I I O E U D O
I G H A H I P G S R X M I L
C R W B K U A A H T T F U I
U I S B W M R T I E G U M T
L N A T U R A I W Z V X T A
T A L C A L T O G P D H B E
A N U T T Y I N N R P O F J
S D T D T I O E A M I C I S
U U E X P F O M Z Y X U T A
E M M I T I N E R A R I U M
P E R I C U L O S U M J B T
```

ACTIO
STUDIUM
PEREGRINANDUM
PERICULOSUM
FORTE
VIRTUTE
DIFFICULTAS
NATURA
NAVIGATIONEM

NOVUM
INSOLITA
ITINERARIUM
SALUTEM
MIRUM
PRAEPARATIO
GAUDIUM
AMICIS

31 - Circus

```
M A G U S A N I M A L I A F
N X V B R E T I G I L J Y H
Q X A G E T A H O V D B D E
F D O L U M B K S T E M D L
Q N K O S P E C T A T O R E
M H L W C O R L E O U N A P
T U P R M M N H N U R A L H
J I S L L P A A D S I M I A
Y U G I Y A C B E H X I Q N
J I G E C M U I J A T Y U T
G R X G R A L T M A G I A I
R D D U L R U U R L P C M S
D F V W H E M A C R O B A T
O L L F M X R N H I W R B C
```

SIMIA

ACROBAT

ANIMALIA

MAGUS

JUGGLER

ALIQUAM

HABITU

OSTENDE

LEO

MAGIA

MUSICA

ELEPHANTIS

POMPAM

TABERNACULUM

TIGER

SPECTATOR

DOLUM

32 - Restaurant #2

```
P  N  N  Q  K  O  L  M  T  W  H  C  Q  Y
A  R  O  M  A  T  A  I  C  E  S  A  F  S
O  V  A  S  A  L  U  Q  A  L  D  T  I  A
Y  O  R  N  L  E  B  M  U  Q  A  H  C  X
W  S  W  P  D  J  H  H  A  A  D  E  O  F
U  E  A  M  L  I  O  I  L  S  P  D  C  E
X  M  U  K  Z  E  U  Z  E  K  S  R  H  W
F  R  U  C  T  U  S  M  G  N  F  A  L  P
R  U  E  F  D  V  C  I  U  P  U  X  E  N
M  M  B  Y  S  X  P  B  M  B  R  Q  A  A
Q  W  P  L  T  A  U  W  I  L  C  D  R  U
W  S  T  U  K  U  Q  S  N  C  A  K  I  Q
W  P  I  S  C  E  S  H  A  E  L  I  T  T
D  E  L  E  C  T  A  M  E  N  T  U  M  J
```

MASSAE	SEM
PRANDIUM	ELIT
OVA	AROMATA
FRUCTUS	CATHEDRA
LEGUMINA	PISCES
DELECTAMENTUM	FURCA
ICE	AQUA
COCHLEARI	SAL

33 - Bijen

```
R  A  L  I  S  C  F  L  O  R  E  B  I  T
E  Z  M  E  G  R  U  L  U  E  S  W  A  X
G  X  Z  J  A  D  M  P  O  L  L  E  N  S
I  N  S  E  C  T  U  H  O  R  T  U  S  R
N  O  K  B  J  U  S  O  L  X  E  F  E  B
A  F  R  U  C  T  U  S  X  A  O  S  C  U
X  C  O  T  P  O  L  L  I  N  A  T  O  R
H  S  D  I  V  E  R  S  I  T  A  S  S  O
A  A  F  L  W  B  Q  Q  R  S  O  O  Y  V
G  L  B  E  X  C  I  B  U  M  E  L  S  M
M  Q  V  I  Y  E  J  I  J  L  I  Y  T  P
X  U  V  E  T  R  L  A  H  S  B  G  E  B
Q  O  K  H  O  A  P  U  N  P  Q  L  M  I
M  I  S  C  E  N  T  U  R  S  W  H  V  U
```

POLLINATOR	REGINA
ALVEO	FUMUS
FLORES	POLLEN
FLOREBIT	HORTUS
DIVERSITAS	ALIS
ECOSYSTEM	CIBUM
FRUCTUS	UTILE
HABITAT	CERA
MEL	SOL
INSECT	MISCENTUR

34 - Vriendelijkheid

```
G  V  C  L  A  J  L  I  B  L  W  C  K  P
E  K  U  I  B  E  N  E  V  O  L  E  N  S
H  B  T  B  E  A  T  U  S  V  E  R  U  M
O  M  B  E  T  K  A  A  S  G  W  T  T  R
S  H  Y  R  P  Z  B  M  Z  J  S  A  E  E
P  R  R  A  M  A  R  E  W  Y  F  K  U  V
I  E  F  L  P  I  N  T  E  N  D  E  O  E
T  C  Q  I  K  A  T  Q  F  C  J  S  G  R
A  E  O  S  D  M  T  I  S  Y  G  H  H  E
L  P  C  X  F  I  S  I  S  R  E  S  K  N
E  T  V  I  L  C  S  F  E  O  D  I  K  T
M  I  X  F  U  A  Z  R  R  N  M  C  E  I
N  V  D  N  K  L  B  X  U  F  S  A  X  O
L  A  I  N  T  E  L  L  E  C  T  U  S  R
```

INTENDE	LIBERALIS
INTELLECTUS	AMARE
BENEVOLENS	RECEPTIVA
CERTA	VERUM
REVERENTIOR	PATIENS
AMET	MITIS
HOSPITALEM	AMICA
BEATUS	

35 - School #1

```
X O L H F V O E A B B G C D
R U K A X O A B Y T V R A X
C B W I M L L G Y E K A T D
Y R O B A U P D G V V P H S
R V D D M T H C E P N H E A
Z E I N M P A C H R C I D M
E N S L K A B F E A S U R I
L A C P G T E O D N R M A C
I L E V O C T R I D C T D I
T I R H Q N I T O I K Z A S
E C E Y A O D T N U M E R I
L I B R A R Y E R M Y T N V
B U C A L A M I T D B E D G
Q M A G I S T E R F R E C K
```

ALPHABETI   PRANDIUM
RESPONDET   FOLDERS
LIBRARY   VENALICIUM
NUMERI   CHARTA
VOLUTPAT   CALAMI
ELIT   GRAPHIUM
MAGISTER   CATHEDRA
DISCERE   AMICIS

36 - Wandelen

```
D C R A R C T Y W A P T H T
U U A N I M A L I A A H A N
C L L E W M W O J R V T C D
E M A P L T E M P E S T A S
S E P R O I M G P E I P T Q
O N I O R I E N T A T I O N
L U D M O N T E M N R V T J
Y G E K A N A T U R A C Z K
J R S C I Q P Z N N Y Z I B
T A B E R N U S L A S S U S
X V P R A E P A R A T I O F
Z I M I A D V X V Y X E G E
W S Q D A L R C L R L C R R
C A S T R A Z H Q O W S N A
```

MONTEM
ANIMALIA
DUCES
MAP
CASTRA
CAELI
TABERNUS
LASSUS
NATURA
ORIENTATION

PARCIS
LAPIDES
CULMEN
PRAEPARATIO
AQUA
TEMPESTAS
FERA
SOL
GRAVIS

37 - Ecologie

```
C S V S N A T U R A F D B H
O N I P A L U D E M J I M A
M M R C F L O R A E L V S B
M G E T B A U V F W H E C I
U Q N D D S P T N I M R V T
N E T F G X L Q E G S S A A
I S I B G X A C C M I I R T
T P A X S N N X N A C T I G
A E M N G J T M N R C A E B
T C S O U S I L W I I S T G
E I Y V N L S R P N T Z A Q
S E Z A R T L B U E A P T A
E S O S G B E A I S T K E W
C A E L I O W S M K E D X Z
```

MONTES   MARINE
DIVERSITAS   PALUDEM
SICCITATE   NATURA
NULLAM   SALUTEM
FLORA   PLANTIS
COMMUNITATES   SPECIES
HABITAT   VARIETATE
CAELI   VIRENTIA

38 - Installaties

```
V  Z  S  I  L  V  A  H  S  H  U  R  B  S
Z  Y  Y  S  C  Z  P  E  G  U  A  H  M  T
B  U  S  H  B  E  R  R  Y  M  R  O  H  E
O  D  R  E  X  O  U  B  K  C  B  R  V  R
A  U  G  D  G  A  T  A  M  I  O  T  K  C
B  O  F  E  Z  H  Z  A  F  U  R  U  Q  O
F  L  O  R  E  B  I  T  N  V  S  S  R  R
C  Q  L  A  R  A  D  I  X  I  A  C  S  A
A  A  I  C  I  M  Q  L  D  F  C  L  U  T
C  P  U  A  H  B  O  B  F  R  H  A  G  S
T  Q  M  U  E  O  E  F  L  O  S  S  M  W
U  M  X  N  P  O  Y  N  K  N  H  J  Z  C
S  H  N  B  E  A  N  A  G  D  Y  B  L  A
F  L  O  R  A  Q  V  I  R  E  N  T  I  A
```

BAMBOO

BERRY

FOLIUM

FLOS

FLOREBIT

ARBOR

BEAN

SILVA

CACTUS

FLORA

FRONDE

HERBA

HEDERA

STERCORAT

MUSCUS

BOTANICAM

BUSH

HORTUS

VIRENTIA

RADIX

39 - School #2

```
X B K M K T X D J H Q Q C A
C G M A G I S T E R W Y A C
G R N P R L I N C L E N L A
V A M C A L A M I R E L C D
Z M G L P H B E T A K O E E
C M J I H D L J Y T E N A M
M A N T I C A I P F N M M I
V T L T U A X Y B Z D D E C
V I W E M V I D O R S R N A
W C O R N R C I C H A R T A
N A M I T D I K P E U R A M
T I K S Q S A M B U H Y Y K
C O G N I T A R A M I C I S
S C I E N T I A D V Q K H L
```

ACADEMICA
LIBRARY
EU
DELEO
GRAMMATICA
CALENDAR
MAGISTER
COGNITA
LITTERIS

CHARTA
CALAMI
GRAPHIUM
MANTICA
AXICIA
CALCEAMENTA
AMICIS
WEEKENDS
SCIENTIA

40 - Oceaan

```
T  J  Y  L  W  O  A  N  G  U  I  L  L  A
E  E  S  Y  T  I  W  C  D  U  X  A  G  A
M  L  Q  N  R  Q  O  F  T  S  D  U  T  D
P  L  U  H  V  T  P  O  L  Y  P  U  S  K
E  Y  I  K  S  H  A  R  K  U  L  B  Q  C
S  F  L  X  P  R  N  B  C  V  C  L  G  I
T  I  L  V  O  V  I  P  A  E  S  T  U  S
A  S  A  L  N  A  V  I  I  L  S  O  U  Z
S  H  V  X  G  T  U  N  A  S  E  H  X  S
A  G  I  E  I  C  O  R  A  L  C  N  X  J
K  U  H  C  A  O  S  T  R  E  A  E  A  L
D  E  L  P  H  I  N  I  H  R  Q  C  S  Z
X  X  A  O  T  U  R  T  U  R  E  E  F  A
J  U  C  Y  X  C  A  N  C  E  R  W  M  R
```

ANGUILLA	POLYPUS
NAVI	OSTREA
DELPHINI	REEF
SQUILLA	TURTUR
AESTUS	SPONGIA
FLUCTUS	TEMPESTAS
SHARK	TUNA
CORAL	PISCES
CANCER	BALENA
JELLYFISH	SAL

41 - Landen #2

```
D E L I T N M V S H U L V E
B A X H Y K E N Y A U I I K
P R N O Y C X D R A L B N U
P W L I D W I Q I R A A I R
B J A P A N C R A L O N G U
I T L P L E O U U Z S U E C
N F O C N P Z S Z G Z S R R
E S B W E A A S O M A L I A
C R F G A L L I A F Y N A I
G R A E C I A A B O W B D N
H I B E R N I A K P D Q K A
A E T H I O P I A M C E Z Z
L I B E R I A S U R N W T P
I N D O N E S I A W L S B Z
```

DANIAE	LIBERIA
AETHIOPIA	ELIT
GALLIA	MEXICO
GRAECIA	NEPAL
HIBERNIA	NIGERIA
INDONESIA	UGANDA
JAPAN	UCRAINA
KENYA	RUSSIA
LAOS	SOMALIA
LIBANUS	SYRIA

42 - Bloemen

```
P  P  P  B  T  R  I  F  O  L  I  U  M  E
K  A  L  P  H  O  R  C  H  I  D  C  G  B
F  G  S  U  O  S  T  U  L  I  P  A  A  N
D  L  G  S  M  A  S  G  V  H  P  S  R  A
S  A  Y  F  I  E  K  R  S  I  A  I  D  R
T  O  I  L  D  O  R  O  G  B  P  A  E  C
D  P  Z  S  A  G  N  I  B  I  A  N  N  I
E  H  L  B  Y  J  K  F  A  S  V  L  I  S
G  O  I  F  L  O  S  H  L  C  E  I  A  S
S  T  L  C  P  E  T  A  L  O  R  U  M  U
R  I  I  W  U  F  W  G  N  R  W  N  I  S
Y  S  U  I  O  R  G  Z  A  E  N  E  A  N
G  B  M  T  M  A  G  N  O  L  I  A  R  D
T  A  R  A  X  A  C  U  M  N  O  T  B  L
```

PETALORUM
FLOS
GARDENIA
HIBISCO
AENEAN
TRIFOLIUM
CASIA
LILIUM
DAISY
MAGNOLIA

NARCISSUS
ORCHID
TARAXACUM
PAPAVER
PASSIONFLOWER
AGLAOPHOTIS
PLUMERIA
ROSA
TULIPA

43 - Huisdieren

```
M B E F Y L A I K C H V P K
N U X P F E L I S R E E S U
Q G S L N P Z J C H Y T I N
B T O R Q U E M D M Z E T G
L P T S F S C Z Z C G R T U
A F Q Q Q F P U P P Y I A I
C I B U M C I I M M S N C B
E A F F B O S U B L F A U U
R D N R Q Y C A U D A R S S
T W O I U B E A V D M I N D
A B P R S R S Q T X D U Q L
T U R T U R C U Z L P S N M
H I R C U M P A I A E W Z P
B L O V V R W A L Q Q X K V
```

VETERINARIUS
HIRCUM
LACERTA
CANIS
FELIS
UNGUIBUS
BOS
LEPUS
TORQUEM

MUS
PSITTACUS
PUPPY
TURTUR
CAUDA
PISCES
CIBUM
AQUA

44 - Landschappen

```
U K M X J P L A C U S F F X
M O Y K F E J I P R L D J V
D C C T L N O C E A N U M C
I O H C U I G E Y S E R R A
B N U R M N P B P W J E Q T
E V S H E S D E S E R T O A
A A S U N U R X H L X Z R
C L I Q L L J G A A E M P A
H L P R I A V O L C A N O C
I I A K Z W N C A N C D T T
L S L M O N T E M S E G E A
L E U J P F O S A K I T H F
L C S C A V E V R H E S D C
Y T B G L A C I E R R M L Y
```

MONTEM	OCEANUM
INSULA	FLUMEN
GEYSER	PENINSULA
GLACIER	BEACH
CAVE	TUNDRA
HILL	CONVALLIS
ICEBERG	VOLCANO
LACUS	CATARACTA
PALUS	DESERTO
OASIS	MARE

45 - Tuin

```
Z A H J W J U F H O R T U S
K I V I T I S S E P E M Y N
K F Z H D P J E R U Q M X S
J W H A Y L G Y B B A N C O
J S A M N Y E F A U R X G L
L A I M C I L G J S B S R O
O G X O V Q A T E H O S E R
R G K C M W H E B T R A U U
C C A K C Z Z K L G Z R H T
H Y P R F C W S F O N C H R
A U G G A E V F S D P U L U
R U L D D G C L E D R L A M
D O N A L R E O F Q R U J K
S A X A I X Y S T U M M N P
```

BANCO	ZIZANIA
FLOS	SAXA
SOLO	RUTRUM
ARBOR	HOSE
ORCHARD	BUSH
GARAGE	XYSTUM
HERBA	HORTUS
HAMMOCK	EGET
SARCULUM	VITIS
SEPEM	

46 - Beroepen #2

```
P H I L O S O P H U S R F Y
P I B E H O R T U L A N U S
U L C T F A D I J H F A A M
B L E T I N V E N T O R G A
L U G F O D K N N Z C J J G
I S E M M R P R E T I U M I
S T U L S N G M L W I S I S
H R B I O L O G I S T S M T
E R H N A G R I C O L A T E
R A E G M E D I C U S Y S R
F T H U I N Q U I S I T O R
J O K I G U B E R N A T O R
S R A S T R O N A U T C T Q
J Q M T E N G I N E E R K U
```

MEDICUS
ASTRONAUT
BIOLOGIST
AGRICOLA
INQUISITOR
PHILOSOPHUS
PRETIUM
ILLUSTRRATOR
ENGINEER

WISI
MAGISTER
LINGUIST
GUBERNATOR
PICTOR
DENTIST
HORTULANUS
PUBLISHER
INVENTOR

47 - Dagen en Maanden

```
L  T  E  S  F  A  U  G  U  S  T  Y  S  J
E  S  Y  L  A  Y  L  V  D  A  J  S  E  U
M  T  O  G  W  T  O  I  K  G  A  E  P  L
E  W  W  M  E  M  U  S  Q  N  N  P  T  Y
N  R  A  A  D  A  Z  R  F  U  U  T  I  C
S  A  I  R  N  R  K  A  D  F  A  E  M  A
E  M  P  T  E  T  I  O  A  A  R  M  A  L
J  O  V  I  S  I  X  F  C  P  Y  B  N  E
G  N  T  I  D  S  E  H  C  O  T  E  A  N
H  D  N  U  A  F  E  B  R  U  A  R  Y  D
N  A  N  J  Y  N  D  O  M  I  N  I  C  A
X  Y  T  T  U  V  T  F  W  P  N  O  X  R
K  J  J  V  E  N  E  R  I  S  O  C  Y  W
N  O  V  E  M  B  E  R  I  X  M  G  C  M
```

AUGUST	MONDAY
MARTIS	MARTII
JOVIS	NOVEMBER
FEBRUARY	ALIQUAM
ANNO	SEPTEMBER
JANUARY	VENERIS
JULY	SEPTIMANA
JUNE	WEDNESDAY
CALENDAR	SATURDAY
MENSE	DOMINICA

48 - Beeldende Kunsten

```
X  P  P  R  O  S  P  E  C  T  U  M  A  P
E  R  J  H  H  Z  P  L  E  N  G  Y  R  E
P  F  G  L  O  S  S  A  R  I  U  M  C  N
A  A  F  G  L  T  I  O  A  M  N  Z  H  G
L  R  Y  I  A  M  O  U  N  D  G  L  I  S
M  T  N  B  G  D  Y  G  C  J  Z  G  T  A
A  I  J  R  S  I  C  A  R  B  O  N  E  S
R  F  J  C  Y  X  E  I  E  A  K  L  C  O
I  E  Z  W  K  V  G  S  T  Q  P  N  T  T
U  X  S  O  N  A  F  E  A  F  V  H  U  I
S  T  E  N  C  I  L  D  L  Y  K  C  R  U
P  I  C  T  U  R  A  L  U  T  U  M  A  M
A  Q  E  C  O  M  P  O  S  I  T  I  O  P
G  R  A  P  H  I  U  M  I  U  S  I  X  B
```

ARCHITECTURA
ARTIFEX
GLOSSARIUM
OTIUM
DUIS
PHOTOGRAPH
CARBONES
LUTUM
CRETA

PALMARIUS
PEN
PROSPECTUM
EFFIGIES
GRAPHIUM
COMPOSITIO
PICTURA
STENCIL
CERA

49 - Menselijk Lichaam

```
N  B  C  D  R  J  E  H  Q  E  R  W  D  P
T  A  U  R  I  S  V  U  L  N  L  X  G  D
C  E  R  E  B  R  U  M  A  X  I  L  L  A
U  V  J  I  R  T  P  E  A  D  N  V  C  C
B  N  J  U  B  S  L  R  L  N  G  M  U  O
I  B  C  A  P  U  T  U  C  X  U  R  T  L
T  A  R  S  O  B  S  M  O  N  A  O  I  L
U  F  U  N  C  P  K  E  R  R  G  H  S  U
S  K  S  X  D  L  J  N  U  H  E  P  M  M
L  P  Z  D  I  G  I  T  U  S  N  C  V  S
Y  F  J  C  K  L  I  U  E  Y  U  C  V  M
N  Q  L  F  S  T  O  M  A  C  H  U  M  B
H  C  W  J  S  A  N  G  U  I  N  E  M  J
D  G  Q  J  B  Z  U  R  R  Q  B  Z  W  D
```

CRUS	MENTUM
SANGUINEM	GENU
CUBITUS	STOMACHUM
TARSO	ORE
MANU	COLLUM
COR	NARIBUS
CEREBRUM	AURIS
CAPUT	HUMERUM
CUTIS	LINGUA
MAXILLA	DIGITUS

50 - Familie

```
P U E R N P L U L N D D M V
A T Q M F U A J X T I X A A
T M C S F L V T F O R D T N
E Q Z O I U U Z R T R M E C
R N W F L E S M A U G L R E
P U E R I T I A T F U J T S
N E P T I S L K E I A S E T
E S A H N T Y P R L V L R O
P O T G E M I N I I I R A R
O R E Q P A Q E D A A F Z Q
T O R R O T J G E S T G G Q
E R N E S N A I P U F V W T
M N I X S E M A T E R C I H
Q H H R B X D W I T L B Q R
```

FRATER	NEPTIS
FILIA	PATRUUS
AVIA	AVUS
PUERITIA	MATERTERA
PUER	GEMINI
FILII	PATER
NEPOTEM	PATERNI
VIR	ANCESTOR
MATER	UXOR
NEPOS	SOROR

51 - Gebouwen

```
C G D Q M N L F B B F A R M
A D A U L E G A T I O N E M
S M L R I W E S B B R K J R
T L T X A S U O V L U C S C
R Y M Q E G J E J M M A D H
U X L M U S E U M A X M O H
M Y K G S X C E H N U E J Y
A S S S H B T H E A T R U M
A T K Q O J S V O W T A Z E
T A B E R N A C U L U M H M
S D S T R W L E K A A L O C
V I A R E F A C T O R Y T G
W U E J U A T U R R I S E H
J M I E M V N U L L A X L V
```

LEGATIONEM	MUSEUM
DUIS	SCHOLA
FARM	HORREUM
CAMERAM	STADIUM
FACTORY	FORUM
GARAGE	TABERNACULUM
HOTEL	THEATRUM
CASTRUM	TURRIS
NULLA	

52 - Kunst

```
S  B  R  L  Z  H  I  G  S  Y  O  M  P  C
H  I  S  Y  N  S  N  M  U  L  R  P  I  O
O  E  G  N  I  M  S  V  R  G  I  E  C  M
A  M  V  N  G  N  P  R  R  T  G  R  T  P
S  L  W  P  U  Y  I  B  E  L  I  T  U  O
U  S  I  C  V  M  R  Q  A  W  N  R  R  S
B  Y  M  O  N  J  A  W  L  S  A  A  A  I
I  F  R  M  Y  C  T  R  I  R  L  H  E  T
E  I  J  P  X  O  I  H  S  A  M  E  T  I
C  G  Y  L  Y  W  O  Y  M  K  N  C  E  O
T  U  T  E  L  L  U  S  X  O  H  W  E  I
U  R  E  X  P  R  E  S  S  I  O  T  A  Q
M  A  D  U  V  I  S  U  A  L  S  D  H  A
C  A  R  M  I  N  A  Q  P  B  M  T  B  D
```

COMPLEXU
AMET
FIGURA
INSPIRATI
MOOD
TELLUS
SUBIECTUM
ORIGINAL
ALIO

CARMINA
PERTRAHE
COMPOSITIO
PICTURAE
SURREALISM
SIGNUM
EXPRESSIO
VISUAL

53 - Beroepen #1

```
A  M  R  E  B  B  M  Y  E  D  A  Q  U  Y
P  T  U  B  Y  J  Y  E  D  I  T  O  R  Q
H  V  H  S  W  A  O  T  D  P  Q  K  C  V
A  E  V  L  I  A  N  Q  O  I  R  I  J  W
R  N  P  E  E  C  G  U  U  L  C  N  F  A
M  A  M  L  Z  T  U  D  E  J  C  U  L  T
A  T  B  P  M  P  A  S  H  D  Q  Q  S  T
C  O  P  L  U  M  B  A  R  I  U  S  T  O
I  R  R  E  M  I  R  E  T  H  E  I  L  R
S  D  R  G  J  E  W  E  L  E  R  X  Y  N
T  Z  M  A  S  T  R  O  L  O  G  U  S  A
C  A  R  T  O  G  R  A  P  H  E  R  G  T
I  H  N  U  T  R  I  X  D  Y  Q  Q  M  U
M  T  I  S  G  E  O  L  O  G  I  S  T  M
```

ATTORNATUM	EDITOR
LEGATUS	GEOLOGIST
PHARMACIST	VENATOR
ASTROLOGUS	JEWELER
ATHLETA	PLUMBARIUS
REMI	MUSICUS
CARTOGRAPHER	THE
MEDICUS	NUTRIX

54 - Kastelen

```
C I X S P U V W L S A H E D
A O M U N I C O R N I S Q Y
T Z R P F E U D A L P R U N
A I E O E Q U U S A R C E A
P W G L N R W A P Q I A S S
U O N Q F A I W N M N J R T
L D U M Q I M U Y Z C G P I
T R M U R U M R M Z I L U A
Y A S C U T U M K O P A C R
R C U G E A G Z T U E D I M
N O B I L I S T U R R I S A
P A L A T I U M W N N U T T
N P R I N C I P E M G M C L
T C J L E T R K Q L H T Y P
```

DRACO
DYNASTIA
NOBILIS
UNICORNIS
FEUDAL
ARCE
ARMA
CATAPULT
REGNUM
CORONAM

MURUM
EQUUS
PALATIUM
PRINCIPE
PRINCIPEM
EQUES
IMPERIUM
SCUTUM
TURRIS
GLADIUM

55 - Insecten

```
B K A D S B V D J W Q D O O
A E H Q X A J R C U S Q I X
N U E I N P M A N T I S X S
T P V T G I F G C I C A D A
E B A N L S V O X B X W N K
R L A P Z E E N A G I H S X
M A E X I L R F F P J H G O
I T G I D L M L M F H D H X
T T R Z H O I Y M J O I M N
E A I K B N S O R A P G D W
D M L V G V T I N E A X G A
U M L C U L E X F I R S V S
S N U I F S U T E R U S S P
Z I S Z C E K Z M K T H S G
```

MANTIS	ANT
APIS	TINEA
APHID	CULEX
CICADA	GRILLUS
BLATTAM	TERMITE
BEETLE	PAPILIO
UTERUS	WASP
DRAGONFLY	VERMIS

56 - Antarctica

```
T  C  A  Q  U  A  O  R  I  J  T  S  I  M
P  C  W  V  H  I  K  O  X  C  X  P  N  I
J  Q  B  D  E  Y  M  C  E  T  E  E  Q  N
N  U  B  E  S  S  L  K  W  K  Z  C  U  E
Z  W  Q  M  H  N  D  Y  H  T  G  I  I  R
C  O  N  T  I  N  E  N  S  O  E  E  S  A
W  W  H  S  F  C  Y  N  E  R  O  S  I  L
J  F  K  T  J  B  E  N  O  T  G  T  T  I
I  N  S  U  L  A  E  P  N  O  R  V  O  B
M  I  G  R  A  T  I  O  I  R  A  E  R  U
H  T  S  Y  N  O  K  D  J  V  P  Q  E  S
F  E  V  J  V  K  U  A  N  I  H  B  M  Z
S  C  I  E  N  T  I  F  I  C  I  Y  A  I
P  E  N  I  N  S  U  L  A  S  A  N  W  Y
```

BAY	PENINSULA
CONTINENS	SPECIES
INSULAE	TORTOR
GEOGRAPHIA	AVES
ICE	CETE
MIGRATIO	AQUA
MINERALIBUS	SCIENTIFIC
INQUISITOREM	NUBES
ROCKY	

57 - Ballet

```
Z  I  A  U  D  I  T  O  R  E  S  G  Q  E
R  N  S  C  O  M  P  O  S  I  T  O  R  X
E  T  U  T  O  R  C  H  E  S  T  R  A  P
C  E  S  M  Y  C  G  M  A  M  Q  F  S  R
E  N  U  L  E  L  D  M  R  Y  F  L  A  E
N  S  O  L  O  R  E  S  T  G  L  M  L  S
S  I  W  O  N  B  O  D  E  Z  E  U  T  S
E  O  Z  H  P  Q  Z  E  O  Y  C  S  A  I
N  N  E  D  C  W  Q  C  E  J  T  I  T  V
D  E  P  R  H  Y  W  O  A  M  I  C  O  U
U  M  Q  K  N  J  T  R  R  K  O  A  R  M
M  O  J  F  D  Y  X  U  T  F  N  R  E  E
M  U  S  C  U  L  I  M  I  Z  E  S  S  O
O  E  G  O  H  M  L  R  S  K  S  K  D  Z
```

ARTIS
COMPOSITOR
SALTATORES
EXPRESSIVUM
GESTU
INTENSIONEM
LECTIONES
MUSICA
ORCHESTRA
USU

AUDITORES
RECENSENDUM
NUMERO
DECORUM
SOLO
MUSCULI
STYLE
ARS
ARTE

58 - Vissen

```
F B H K Z I Y J N L B V E P
V I C A N I S T R U M V U O
A F L U M E N C O Q U E S N
O B A U T O E S C A N V R D
S R C O M B E A C H P A X U
E R U X P U U P M T A Q V S
D T S H I W B P G E T U V I
O C E A N U M A R M I A A C
D V P M N U Y R P P E C X F
Y H U H S X V A T O N J X R
L B D R M C N T I R T N N S
O Q P L Z J E U K U I Z H G
B R A N C H I A S M A Q S Z
A U G E N D O M A X I L L A
```

ESCA   COQUES
APPARATU   CANISTRUM
NAVI   LACUS
FILUM   OCEANUM
PATIENTIA   AUGENDO
PONDUS   FLUMEN
HAMO   TEMPORUM
MAXILLA   BEACH
BRANCHIAS   AQUA

59 - Fruit

```
A N X N X F F P A C R B M G
V S P E R S I C U M Q E A C
O R A C C U C R V O H R N A
C Q P T U N U U A H N R G C
A S A A C T S M S D N Y O W
D I Y R U B U S I D A E U S
O U A I M P I N E A P P L E
C B H N I N L L V P K Q Z D
V E V E S L E M O N I I L G
I P R H O N C U S P W R W S
K S F A P P L E Y R P Z U I
N B K H S V J V O U R D G M
U C J Y I U M Z H N W B B B
G W F R M X S Q D O L O R E
```

PINEAPPLE   MANGO
APPLE   CUCUMIS
AVOCADO   NECTARINE
BERRY   RHONCUS
LEMON   PAPAYA
UVA   PIRUM
RUBUS IDAEUS   PERSICUM
CERASUS   PRUNO
KIWI   FICUS
DOLOR

60 - Literatuur

```
A  C  G  D  M  S  H  N  I  K  D  B  Y  V
R  O  D  I  E  I  T  O  U  F  U  V  R  I
G  N  E  A  T  M  R  V  D  M  M  T  B  T
U  C  S  L  A  I  A  E  O  L  E  M  B  A
M  O  C  O  P  L  G  U  N  C  T  R  B  N
E  R  R  G  H  I  O  Q  C  N  Z  H  O  A
N  D  I  U  O  T  E  N  F  T  H  O  X  L
T  A  P  S  R  U  D  L  A  I  O  N  V  Y
U  R  T  L  A  D  I  W  B  K  C  R  W  S
M  E  I  N  A  O  A  J  E  X  A  T  C  I
P  M  O  G  M  U  R  N  L  C  R  K  A  S
T  S  N  L  U  S  T  Y  L  E  M  V  N  R
P  O  E  T  I  C  A  G  A  L  E  P  N  E
Y  W  O  V  F  S  E  N  T  E  N  T  I  A
```

SIMILITUDO	METAPHORA
ANALYSIS	DESCRIPTION
FABELLA	POETICA
AUCTOR	CONCORDARE
VITA	NUMERO
DIALOGUS	NOVE
FICTA	STYLE
CARMEN	ARGUMENTUM
SENTENTIA	TRAGOEDIA

61 - Technologie

```
P  S  G  G  R  E  S  E  A  R  C  H  X  U
F  D  Y  W  S  Y  O  C  A  M  E  R  A  D
R  U  R  R  J  F  F  P  R  Q  A  E  U  D
S  E  C  U  R  I  T  A  T  E  M  M  F  F
K  G  C  V  N  L  W  S  P  J  E  I  Y  O
V  B  I  T  C  E  A  C  C  J  S  N  R  V
D  A  T  A  U  J  R  O  M  M  R  T  I  N
H  T  K  H  D  M  E  U  S  D  A  E  C  Q
N  U  N  T  I  U  S  C  M  W  A  R  T  C
E  V  Z  B  G  P  I  N  U  H  S  N  M  K
H  E  V  V  I  R  U  S  A  R  U  E  G  U
S  R  E  J  T  H  H  Z  I  Q  S  T  T  M
Q  W  S  I  A  K  D  Q  M  U  K  O  R  A
V  H  C  F  L  B  R  M  C  R  X  U  R  X
```

NUNTIUS	INTERNET
FILE	RESEARCH
PASCO	SCREEN
CAMERA	SOFTWARE
EU	SECURITATEM
CURSOR	RECTUM
DIGITAL	VIRUS
DATA	

62 - Boeken

```
L I T T E R A R U M C C B T
C E S Y Y G H C C W O A J N
O I C Z B Z I P A S N R T O
L N R T M E S S S M T M R J
L G I T O Z T C U Y E I G R
E E P R R R O A S U X N N K
C N T A I F R R N P T A X H
T I U G B A I M S E R I E S
I O M I U B C E G R N O V E
O S K C S U A N O T P A G E
G U M I J L E V X I C Z U M
T S X T R A D N A N H T Q Q
H U J U S M O D I E X O E V
T V L H G D A U C T O R I E
```

AUCTOR	MORIBUS
CASUS	LECTOR
PAGE	LITTERARUM
COLLECTIO	CARMINA
CONTEXT	PERTINET
CARMEN	NOVE
SCRIPTUM	SERIES
HISTORICA	TRAGICI
HUJUSMODI	FABULA
INGENIOSUS	

63 - Meer Informatie

```
U G C O J D A U L A X S M A T
T L G R L K S E M R D U B T
O U A A E R Y L R C Y S V O
P Y L C E P V E V A S P C M
I I A U M F I X T N T E H I
A L X L U U B T A U O N E C
V L I U N T Z R U M P D M U
F U A M D U X E J S I I I S
U S K G I R R M P W A S C I
Z I M A G I N A R I A S A X
O O H C G S G O I T B E L T
P L A N E T A N U L L A S D
E T D Q D I J D I S T A N T
M C O N S C R I P S E R I T
```

ATOMICUS
IGNIS
CHEMICALS
IMAGINARIA
DYSTOPIA
CREPITUS
EXTREMA
SUSPENDISSE
FUTURISTIC
ILLUSIO

ARCANUM
ORACULUM
PLANETA
CONSCRIPSERIT
GALAXIA
NULLA
UTOPIA
DISTANT
MUNDI

64 - Regenwoud

```
A E T T D B L E N L W D I B
M Q P R E T I O S U M U C W
D U I C G R J Q X C B D Z T
I A S J S W S A V E S E Q R
V N A C X E P I C K S B S C
E T L O U R E F U G I U M T
R U U M A S C R P E H X F R
S M T M M E I N U L L A M U
I N E U P K E C A E L I X N
T A M N H U S R G Z J V E C
A T P I I C I N S E C T A A
S U D T B B O T A N I C A T
G R K A I H I E S E E N M I
Z A L S A W L P Z E M M L S
```

AMPHIBIA
BOTANICA
DIVERSITAS
COMMUNITAS
INSECTA
TRUNCATIS
CAELI
MUSCUS
NATURA

SALUTEM
QUANTUM
SPECIES
REFUGIUM
AVES
PRETIOSUM
NUBES
NULLAM

65 - Haartypes

```
C N D D T E N U I S Y K G M
O I E I Z I D U C A L V U S
L N N U A I A W R Y A B C S
O I I C R I S P U S R R Z A
R G Q U I W I U S M G O Q N
A R U T N N Y R L H E W G U
T U E O C N N S I M N N R S
U M T R R F G I L O T I A I
M H W T A L B U S L U F Y C
L E N I S A W N Y L M D B C
P J I S S V X I B I D C O U
R A D W U I Q P Q S E T P M
Q M M W S S D Q F H I O P D
R W G O P X H I Q J I W J D
```

FLAVIS
BROWN
CRASSUS
SICCUM
TENUIS
COLORATUM
TORTIS
SANUS
LENIS
CRUS

GRAY
CALVUS
DENIQUE
CINCINNIS
CRISPUS
DIU
ALBUS
MOLLIS
ARGENTUM
NIGRUM

66 - Stad

```
A E Q N L P T R S N W K M H
F H G P G I Z C F C Q X Y B
A T Q U I S B P U Q H K G M
I S P T S T O R E G Z O L E
G T T V W R B I A M E T L X
D A P I M I P D R S H B A
L D L S U N L A X S Y E O F
B I Q L S U H M H E T A O L
G U S Y E M E X O G M T K O
K M X D U R U J T E E R S R
F O R U M R Y H E T L U T I
S E L I T U L I L T W M O S
U N I V E R S I T Y R N R T
K C W P M N T M E M J D E S
```

ATQUI
PISTRINUM
RIPAM
LIBRARY
FLORIST
BOOKSTORE
EXO
GALLERY
HOTEL
EGET

ELIT
MUSEUM
AMET
SCHOLA
STADIUM
FORUM
THEATRUM
UNIVERSITY
STORE

67 - Natuur

```
T  P  C  C  X  Z  W  S  Y  O  F  D  Q  S
R  U  F  R  O  N  D  E  R  U  P  E  S  V
O  L  C  O  S  Z  H  R  A  G  A  S  R  C
P  C  V  A  E  R  H  E  N  L  I  E  I  A
I  H  I  O  L  S  I  N  I  A  X  R  L  D
C  R  T  E  X  I  J  A  M  C  T  T  H  U
A  I  A  A  I  L  G  Y  A  I  B  O  C  F
L  T  L  A  J  V  U  O  L  E  X  E  S  A
B  U  I  R  P  A  C  V  I  R  A  L  K  S
N  D  S  C  C  E  T  J  A  N  U  B  E  S
M  O  N  T  E  S  S  A  F  L  U  M  E  N
H  M  P  I  S  U  S  C  I  P  I  T  J  W
S  A  N  C  T  U  A  R  I  U  M  Z  Q  M
G  N  F  I  S  V  O  F  P  R  Z  U  M  W
```

ARCTIC	RUPES
MONTES	CALIGO
APES	FLUMEN
SILVA	PULCHRITUDO
ANIMALIA	SERENA
SUSCIPIT	TROPICAL
EXESA	VITALIS
FRONDE	FERA
GLACIER	DESERTO
SANCTUARIUM	NUBES

68 - Dinosaurussen

```
M  C  A  O  L  N  O  J  G  O  S  H  O  P
A  C  A  L  Y  Z  M  A  G  N  A  E  R  R
G  J  I  U  I  C  N  T  T  A  A  R  U  A
N  O  G  Z  D  S  I  J  C  L  O  B  H  E
I  R  D  O  H  A  V  Z  L  H  B  I  G  G
T  S  J  T  N  A  O  L  E  A  O  V  P  R
U  V  R  Z  Y  D  R  U  A  D  W  O  D  E
D  L  P  E  X  L  E  A  B  W  U  R  B  S
I  T  D  R  P  D  Q  E  I  N  G  E  N  S
N  E  U  J  O  T  S  P  E  C  I  E  S  U
E  R  O  W  T  V  I  T  I  O  S  U  S  S
T  R  O  E  E  A  B  L  A  T  I  O  N  E
V  A  F  Y  N  X  P  U  E  E  A  Q  H  H
M  J  U  C  S  M  A  M  M  O  T  H  H  D
```

TERRA

INGENS

PRAEGRESSUS

MAGNA

MAGNITUDINE

HERBIVORE

POTENS

MAMMOTH

OMNIVORE

REPTILE

SPECIES

CAUDA

ABLATIONE

VITIOSUS

ALIS

69 - Zoogdieren

```
A  J  J  O  C  A  C  D  H  J  I  M  N  R
L  C  U  T  A  C  F  E  L  I  S  R  S  I
B  A  L  E  N  A  X  L  E  O  G  W  H  P
V  L  P  B  I  M  Q  P  I  I  F  C  I  T
V  U  H  T  S  E  T  H  O  J  L  R  R  U
C  P  L  G  A  L  O  I  L  L  O  R  C  I
G  U  C  P  B  U  X  N  X  G  E  O  U  X
L  S  Y  R  E  S  R  I  H  T  M  P  M  C
M  H  L  W  E  S  C  U  T  L  Q  F  U  A
P  A  N  T  H  E  R  A  S  I  N  U  S  S
S  I  M  I  A  M  A  C  R  O  P  U  S  T
E  L  E  P  H  A  N  T  I  S  O  Y  K  O
C  O  Y  O  T  E  X  Z  Q  T  S  N  K  R
Y  H  A  W  M  P  K  R  F  E  Q  U  U  S
```

SIMIA	MACROPUS
CASTOR	FELIS
COYOTE	LEPUS
DELPHINI	LEO
ASINUS	ELEPHANTIS
HIRCUM	EQUUS
PANTHERA	TAURUS
ORCI	VULPES
CANIS	BALENA
CAMELUS	LUPUS

70 - 1 Jaar Geleden

R	A	U	D	E	C	R	E	T	O	R	I	U	M
U	T	B	T	M	C	U	R	I	O	S	U	S	B
P	S	Y	E	U	C	O	N	F	I	D	I	T	O
R	M	Y	I	N	T	E	L	L	I	G	E	N	S
A	S	M	O	D	E	S	T	U	S	I	B	G	V
C	F	A	N	U	C	V	X	D	Y	R	O	P	E
T	Y	O	P	S	Q	E	O	D	B	A	N	A	N
I	U	W	N	I	K	N	R	L	X	C	U	R	U
C	I	U	X	G	E	L	Y	T	E	U	M	T	S
A	B	A	N	N	J	N	F	L	A	N	E	I	T
P	A	T	I	E	N	S	S	I	U	D	S	S	U
L	I	B	E	R	A	L	I	S	X	U	O	J	S
T	Q	E	F	F	I	C	I	E	N	S	M	V	O
I	N	D	E	P	E	N	D	E	N	S	S	P	H

ARTIS
BENEVOLENS
MODESTUS
DECRETORIUM
CERTA
VENUSTUS
EFFICIENS
IRACUNDUS
BONUM

LIBERALIS
INTELLIGENS
CURIOSUS
INDEPENDENS
PATIENS
PRACTICA
MUNDUS
SAPIENS
CONFIDIT

71 - Kampioenschap

```
W  U  O  E  F  N  F  P  H  M  B  R  H  K
I  C  A  U  S  A  M  I  N  S  N  A  N  P
U  O  L  I  U  A  L  F  N  A  L  E  L  V
D  N  U  S  D  Z  V  B  J  A  L  D  E  C
E  S  D  M  O  C  D  H  Y  W  L  A  F  V
X  I  O  O  R  Z  Y  O  I  N  Y  I  I  I
L  L  S  D  S  W  B  R  L  U  D  I  S  C
V  I  N  D  I  C  I  A  E  O  Y  N  M  T
V  O  W  I  M  E  O  T  K  F  R  U  S  O
T  O  R  N  E  A  M  E  N  T  U  M  O  R
F  O  R  T  I  S  S  I  M  U  S  I  V  I
V  I  C  V  M  S  U  L  G  H  K  S  Y  A
J  Y  J  A  T  Q  R  N  F  U  K  M  M  W
V  T  B  F  O  I  V  Z  B  S  A  A  S  P
```

FINALIST
LUDOS
FORTISSIMUS
VINDICIAE
NUMISMA
CAUSAM
EUISMOD
IUDEX

LUDIS
CONSILIO
DOLOR
TORNEAMENTUM
RAEDA
SUDOR
VICTORIA

72 - Exploratie

```
X V Y O Q Y L Q B E O G D I
I J B V P Z K F H D W J I A
L D L Y A W A V A E U M S L
D I S T A N T A C T I O C V
Y N N H I W I N T E L D E L
K V O G C E G I U R E U R X
S E V Y U N I M E M A Q E C
O N U F L A G A I I N V G M
V T M E T F N L L N I P E D
K I X R U G O I C A M X T L
F O Q A S Q T A O T U N D N
R Q N V H R U U I I S T A D
K B L P D H M U R O X C Q X
T U M U L T U S P A T I U M
```

ACTIO
DETERMINATIO
CULTUS
ANIMALIA
DISCERE
ANIMUS
NOVUM
IGNOTUM

INVENTIO
TUMULTUS
TRAVEL
SPATIUM
LINGUA
DISTANT
FERA

73 - Voertuigen

```
R  G  M  E  C  A  R  A  O  F  T  C  N  H
Z  H  F  N  R  A  T  I  S  F  T  X  A  E
Y  C  F  O  Q  U  K  K  M  C  U  I  V  L
C  Z  J  Z  U  S  C  O  O  T  E  R  I  I
V  I  V  A  M  U  S  A  T  I  M  Y  T  C
A  I  M  P  N  B  C  C  O  R  U  U  R  O
M  H  R  O  P  M  K  O  R  E  N  I  A  P
B  C  E  R  T  A  X  M  M  S  C  P  C  T
U  T  P  T  Q  R  N  I  X  I  D  G  T  E
L  P  Y  T  Y  I  T  T  F  R  T  C  O  R
A  P  T  I  W  N  L  A  H  V  E  A  R  H
N  K  G  T  V  E  T  T  T  A  X  I  T  R
C  U  D  O  L  O  R  U  Z  O  C  L  W  U
E  E  Y  R  W  K  U  M  S  U  B  W  A  Y
```

AMBULANCE	ERUCA
CAR	SCOOTER
TIRES	TAXI
NAVI	TRACTOR
COMITATUM	COMITATU
HELICOPTER	PORTTITOR
SUBWAY	VIVAMUS
MOTOR	RATIS
SUBMARINE	DOLOR

74 - Geografie

```
C T V O R K O F Z C M A P U
D Q H C W E S T V N O U F R
K X A E B F G N U N N L J B
L E F A E A R I B P T F Y E
F I H N N Y N T O B E F A M
A L R U X V I Q P N M A R E
L R U M C O N T I N E N S N
T H E M I S P H A E R I O O
I I Q U E Q A C W T G V N R
T N X N Y N T U I B L P U T
U S Q D I D R D V S M A I H
D U M I B V I K N C C G S S
O L I X X P A A U Y E H A K
Z A L A T I T U D O Y W Z L
```

ATLAS   NORTH
MONTEM   OCEANUM
LATITUDO   REGIONE
CONTINENS   FLUMEN
INSULA   URBEM
HEMISPHAERIO   MUNDI
ALTITUDO   WEST
MAP   MARE
PATRIA

75 - Kunstbenodigdheden

```
L  D  C  J  I  Z  T  G  R  P  F  D  R  A
R  U  E  J  G  C  O  L  O  R  E  S  D  T
E  T  T  L  C  R  A  F  P  D  G  H  O  R
B  D  P  U  E  U  O  T  U  W  A  L  N  A
J  Y  P  X  M  O  K  L  H  A  X  K  E  M
Q  T  E  C  A  R  B  O  N  E  S  P  C  E
C  A  M  E  R  A  S  W  O  X  D  E  F  N
P  R  C  A  Z  G  L  U  T  E  N  R  H  T
P  E  N  I  C  I  L  L  I  T  M  T  A  U
G  L  O  S  S  A  R  I  U  M  E  E  O  M
C  H  A  R  T  A  U  H  M  N  N  R  L  N
W  A  T  E  R  C  O  L  O  R  S  G  E  D
T  C  A  Y  P  Z  N  Z  C  P  A  E  U  U
A  Q  U  A  X  R  A  J  J  U  M  T  M  T
```

DONEC
WATERCOLORS
PERTERGET
CAMERA
GLOSSARIUM
OTIUM
DELEO
CARBONES
ATRAMENTUM

LUTUM
COLORES
GLUTEN
OLEUM
CHARTA
PENICILLI
CATHEDRA
MENSAM
AQUA

76 - Barbecues

```
W A M I C I S F R U C T U S
P P E J E O A K G P A T C O
U O J S Y N L K C A Q R E I
L T B U T A V P A Z H I P M
L E T O M A T O E S C D E N
U N G T C W T C F C C E R E
M T Y U B E K E S U I N D C
V I Z C M U S I C A B T I A
I Q N W F I L I I D U E T L
P I P E R X N K H J M S F I
E Q R D I Y F A M I L I A D
C O N D I M E N T U M T M U
P R A N D I U M W F G G E M
F V C R A T I C U L A M S F
```

PRANDIUM
FAMILIA
FRUCTUS
CRATICULAM
LEGUMINA
CALIDUM
FAMES
FILII
PULLUM
MUSICA

PIPER
POTENTI
CONDIMENTUM
TOMATOES
CEPE
CIBUM
TRIDENTES
AMICIS
AESTATE
SAL

77 - Wetenschappelijke Discip

```
I Y K U D Y P S A R N B S A
S M B X U U U J N O U I O S
C N M H P R I D A B T O C T
M H Z U I X U S T O R L I R
M D E Y N I K V O T I O O O
D T E M U O A N M I T G L N
Q V Z M I S L Z I C I Y O O
E Z R M U A A O A S O L G M
M I N E R A L O G Y N C I I
M E C H A N I C A Y E V A A
Y Q B O T A N I C A M S E A
J P M E T E O R O L O G Y N
N E D E R L A N D I C A E L
P H Y S I O L O G Y W Z N D
```

ANATOMIA
ASTRONOMIA
BIOLOGY
CHEMIA
PHYSIOLOGY
NEDERLANDICAE
IMMUNOLOGY
MECHANICA

METEOROLOGY
MINERALOGY
BOTANICAM
DUIS
ROBOTICS
SOCIOLOGIAE
NUTRITIONEM

78 - Bijvoeglijke Naamwoorden

```
D  S  M  E  N  M  E  P  S  G  B  C  D  F
C  N  T  I  E  J  F  N  A  S  Z  R  O  E
F  O  R  T  I  S  J  R  L  K  Z  E  N  R
E  V  A  W  S  D  U  I  S  G  Z  A  A  A
I  U  G  H  L  A  K  R  A  C  L  T  T  L
N  M  I  Y  O  O  N  D  I  L  X  R  U  A
A  F  C  K  U  W  P  U  B  E  X  I  S  S
T  P  U  R  U  S  O  A  S  V  N  X  U  S
U  B  S  V  E  R  A  M  G  X  L  T  P  U
R  S  O  M  N  O  L  E  N  T  U  S  E  S
A  P  Z  L  I  R  S  T  R  X  E  L  R  S
L  D  E  S  C  R  I  P  T  I  V  E  B  Y
I  F  R  U  C  T  U  O  S  A  A  Y  U  P
S  C  O  M  M  O  D  O  U  I  W  V  S  L
```

VERAM	NOVUM
DONATUS	DUIS
DESCRIPTIVE	FRUCTUOSA
CREATRIX	SOMNOLENTUS
TRAGICUS	FORTIS
SANUS	SUPERBUS
ESURIENTES	AMET
COMMODO	FERA
LASSUS	SALSA
NATURALIS	PURUS

79 - Kleding

```
J E W E L R Y M Y W V B G B
N A A R M I L L A M X Z N R
C L C H L A M Y D E M M V A
O Z N K K Z O H C H N Z C C
A J U C E F R Z N S U E H C
T S W E A T E R C R L Q S A
H Y L B A E Y P I A L B T E
I A I X Z D S A N D A L I A
S M B H A T H T G D N O B A
M O N I L E I M U T E U I I
V B Z E T C R H L S C S A J
B O S U D U T I U D O E L B
V K K T P A J A M A S W I C
L A C I N I A E J L J Y A G
```

ARMILLAM
BLOUSE
BRACCAE
CAESTUS
HAT
COAT
JACKET
HABITU
MONILE
MORE

PAJAMAS
CINGULUM
LACINIA
SANDALIA
NULLA NEC
SHIRT
JEWELRY
CHLAMYDEM
TIBIALIA
SWEATER

80 - Vliegtuigen

```
I  C  G  R  V  X  B  A  L  L  O  O  N  K
C  A  N  T  A  V  I  T  E  P  C  C  K  A
G  S  L  U  Z  I  E  L  M  R  U  O  F  N
P  U  T  T  Z  B  C  E  N  G  I  N  E  A
N  S  B  G  I  Q  S  L  Q  U  H  S  R  V
E  Z  F  E  Y  T  O  H  U  V  I  T  O  I
H  T  V  E  R  S  U  S  G  A  S  R  C  G
A  E  R  I  Y  N  V  D  N  Y  T  U  I  A
P  O  R  T  U  M  A  S  O  E  O  C  A  R
E  S  C  A  I  O  C  T  K  Z  R  T  M  E
C  A  E  L  U  M  E  L  O  C  I  I  O  V
C  O  N  S  I  L  I  U  M  R  A  O  Z  G
M  F  D  E  T  R  A  N  S  E  U  N  T  E
D  E  S  C  E  N  S  U  S  A  K  E  T  W
```

DESCENSUS	PORTUM
AERIS	AER
CASUS	ENGINE
BALLOON	NAVIGARE
CANTAVIT	CONSILIUM
CONSTRUCTIONE	TRANSEUNTE
ESCA	GUBERNATOR
HISTORIA	VERSUS
CAELUM	FEROCIAM
ALTITUDO	

81 - Herbalisme

```
P  H  V  V  S  Z  O  R  I  G  A  N  I  J
E  O  N  W  B  A  S  I  L  I  U  S  D  C
T  R  U  O  J  L  P  T  P  P  A  Q  R  E
R  T  F  G  V  L  J  O  C  E  A  U  F  R
O  U  C  A  S  I  A  E  R  D  C  T  T  A
S  S  R  C  R  U  R  A  N  E  T  H  U  M
E  F  O  O  U  M  R  I  Q  A  M  Y  C  R
L  L  C  O  D  L  M  F  D  J  S  M  A  A
I  O  U  I  I  S  I  I  F  I  P  U  Y  I
N  S  S  G  M  W  M  N  G  Q  S  M  R  U
U  H  T  F  O  R  I  G  A  N  U  M  F  E
M  R  E  Q  O  T  T  A  R  R  A  G  O  N
I  N  G  R  E  D  I  E  N  S  Y  K  A  P
A  R  O  M  A  T  I  C  U  M  S  H  X  H
```

AROMATICUM	CASIA
BASILIUS	ORIGANI
FLOS	ORIGANUM
CULINARY	PETROSELINUM
ANETHUM	CROCUS
TARRAGON	SAPOREM
VIRIDIS	THYMUM
INGREDIENS	HORTUS
ALLIUM	

82 - Piraten

```
V E X I L L U M Q C C C B P
P E R I C U L U M A A X V U
W D E C I M A I P P V C T Q
C F L A K E Q K C T E P L V
I T D U T N V X T A U R U M
C J U K M U S X P I S R L G
A Y L B E A C H I N S U L A
T N M A P V V U T V O M S G
R C C A N T A V I T C L M L
I U U H L E G E N D E U N A
X N M V O U Z E G T A L E D
N S K T H R M F F J N F H I
C T H E S A U R U S U G A U
P S I T T A C U S A M N T M
```

ANCHOR
CASUS
CANTAVIT
INSULA
PERICULUM
AURUM
CAVE
MAP
CAPTAIN
DECIMA

LEGEND
CICATRIX
OCEANUM
PSITTACUS
RUM
THESAURUS
MALUM
BEACH
VEXILLUM
GLADIUM

83 - Surfen

```
F X F H E A K M A Y J A X A
O S P Z B X T V Z C V T F A
R R E M U S T Y L E F H O U
T S J M N P G R N V U L R P
I T K B D U G F E X U E T O
T O R T A M J E J M W T I P
U M E I I A M B O X A A S U
D A E V N T U R B A S Z S L
O C F K O C E A N U M L I A
B H Q P G B E A C H F N M R
Z U E D K A Z P E N S C U I
N M M B U K R M T T I P S S
T E M P E S T A S O K T E C
C E L E R I T A T E S Q K B
```

ATHLETA
INCEPTOS
EXTREMA
UNDA
FORTISSIMUS
FORTITUDO
STOMACHUM
TURBAS
OCEANUM

REMUS
POPULARIS
REEF
SPUMA
CELERITATE
STYLE
BEACH
TEMPESTAS

84 - Rijden

```
L  I  C  E  N  T  I  A  A  V  S  A  S  M
G  A  R  A  G  E  V  I  A  E  S  C  A  O
L  P  L  A  T  E  A  P  O  S  S  C  L  T
W  G  M  X  T  M  M  B  A  T  D  I  U  O
A  B  Q  A  U  T  N  A  H  I  L  D  T  R
T  E  K  V  R  F  G  P  P  B  V  E  E  C
C  U  N  I  C  U  L  U  M  U  Y  N  M  Y
G  C  R  E  U  G  Y  B  B  L  C  S  O  C
I  W  O  I  A  N  O  U  G  U  A  T  T  L
W  M  G  N  Z  N  Z  D  Y  M  R  D  O  E
P  E  R  I  C  U  L  U  M  S  Y  O  R  P
Z  I  Z  J  D  U  M  E  T  A  T  L  O  B
P  E  D  E  S  T  R  E  M  V  B  O  T  O
C  E  L  E  R  I  T  A  T  E  X  R  L  B
```

CAR	AT
ESCA	DUMETA
GARAGE	CELERITATE
VESTIBULUM	PLATEA
PERICULUM	CUNICULUM
MAP	SALUTEM
LICENTIA	AENEAN
MOTOR	PEDESTREM
MOTORCYCLE	DOLOR
ACCIDENS	VIA

85 - Wetenschap

```
F  J  C  N  I  K  U  H  I  P  X  D  P  G
G  F  Q  A  U  H  O  Q  N  L  F  K  H  K
Z  T  I  R  E  L  W  D  E  A  F  N  Y  X
M  T  J  N  B  L  L  F  F  N  O  P  S  P
D  Q  A  I  A  A  I  A  N  T  S  R  I  A
S  C  I  E  N  T  I  S  T  I  S  A  C  R
V  Y  F  R  N  O  U  P  R  S  I  E  A  T
C  Z  K  U  X  M  G  R  A  V  L  G  E  I
B  Y  Q  M  B  Y  Q  Y  A  I  E  R  O  C
D  A  T  A  Q  A  O  E  G  E  T  E  P  U
M  O  L  E  C  U  L  I  S  B  T  S  Y  L
M  I  N  E  R  A  L  I  B  U  S  S  K  I
G  E  X  P  E  R  I  M  E  N  T  U  M  S
Z  N  V  R  Z  T  R  M  O  D  U  S  Q  B
```

ATOM	CAELI
EGET	NULLA
PARTICULIS	MODUS
PRAEGRESSUS	MINERALIBUS
EXPERIMENTUM	MOLECULIS
EO	NATURA
FOSSILE	PHYSICA
DATA	PLANTIS
RUM	SCIENTIST

86 - Hulpmiddelen

```
I  Y  S  S  T  I  H  I  P  F  R  D  Q  P
W  X  M  C  X  F  U  P  L  A  O  R  R  U
S  X  A  A  A  R  N  S  I  C  T  U  K  Z
O  N  U  E  L  L  F  U  E  E  A  T  F  D
L  R  R  M  A  L  A  M  R  M  T  R  O  K
I  U  I  P  X  B  E  M  S  J  W  U  B  G
D  V  S  A  I  B  F  U  N  E  M  M  L  U
I  D  E  Q  C  Q  K  U  S  M  D  G  L  S
S  V  C  I  I  N  O  V  A  C  U  L  A  T
L  I  U  B  A  D  M  L  D  S  O  U  K  U
E  E  R  L  R  C  K  E  Q  O  G  T  N  P
P  R  I  N  C  E  P  S  Y  V  Y  E  B  R
T  I  S  Y  B  Z  P  Y  W  M  S  N  K  A
T  M  M  E  T  X  D  V  O  R  H  H  G  J
```

SECURIS	IPSUM
FACEM	AXICIA
MALLEUS	NOVACULA
PRINCEPS	RUTRUM
MAURIS	STUPRA
SCALAM	PLIERS
GLUTEN	FUNEM
SOLIDIS	ROTA

87 - Herfst

```
T G L W F C C B M H P V H N
Y K E O R H O F E S T U M A
S C H L E B P Q N C G F I T
Q O F N U G F O S Q A V L U
M O R C H A R D E W O E Z R
C I U D R M J C S T P Y L A
A G G U D R N M W E F L L I
S N I R E B R R R M Y A L T
T E B C A K B W P P Z P Z S
A S U U S T W Y U E S Q E G
N U S B A D I P I S C I N G
E A E Q U I N O C T I U M A
A K Z J H E P M Q A W B V S
E C B Z Y I P A A S R Y M Q
```

POMA
ORCHARD
IGNES
FRUGIBUS,
AEQUINOCTIUM
FESTUM
CASTANEAE

CAELI
MENSES
MIGRATIO
NATURA
ADIPISCING
GELU
TEMPESTAS

88 - Speelgoed

```
Q Y K N R J R Y T I K J S L
P U Z Z L E Q X T N A V I U
P I I T A I Z X Z J Z M T D
T I T C T M N G A G I V X O
Y A L K R A A L U T U M Q S
M G F A U G C R R O B O T D
P U P A N I O S T V G E M O
A T S W C N M D V E P C I L
N J B S U A I I I N S I L O
A H B C L T T V V T A I V R
X O P P O I A I A U A Q U P
Y B H H R O T P M S L B S S
K B B N U D U D U A P C A R
F F H Z M S C Z S Z V U C A
```

ARTES
CAR
PILA
NAVI
TYMPANA
VENTUS
LUDOS
LUTUM
PUPA

PUZZLE
ROBOT
LATRUNCULORUM
COMITATU
IMAGINATIO
MILVUS
VIVAMUS
DOLOR

89 - Muziekinstrumenten

```
G  S  E  T  S  T  I  B  I  A  E  N  K  Y
U  O  C  V  A  I  Y  A  P  B  J  I  V  U
E  N  N  S  X  B  M  L  E  C  N  O  I  M
I  A  S  G  O  I  A  I  R  I  U  G  T  H
Y  T  T  S  P  A  N  L  C  T  U  B  A  A
T  A  N  G  H  O  D  F  U  H  M  A  E  R
L  Z  A  L  O  B  O  P  S  A  W  S  U  M
I  P  U  C  N  D  L  I  S  R  F  S  Z  O
Z  V  P  L  E  N  I  A  U  A  L  O  W  N
B  A  N  J  O  L  N  N  S  U  D  O  G  I
I  Z  W  A  Z  M  L  O  F  M  F  N  G  C
O  Q  L  T  A  T  R  O  M  B  O  N  E  A
S  L  I  T  Y  M  P  A  N  U  M  N  N  K
C  G  Z  A  T  I  R  K  X  U  I  K  R  R
```

BANJO	MANDOLIN
CELLO	HARMONICA
BASSOON	PERCUSSUS
TIBIA	PIANO
CITHARA	SAXOPHONE
GONG	TYMPANUM
SONATA	TROMBONE
TIBIAE	TUBA
PLENI	VITAE

90 - Activiteiten en Vrije Ti

```
N A T A N T E S Q G P O S P
B A S E B A L L E A L P U U
I M D I G N I S S I M T P L
A E P A K Z Q C G O L F E V
N T I U Y E T R A V E L R I
N H S L C A S T R A F N F N
P I C T U R A C D M T B I A
Y E A R M Z M F E L I O C R
N X N I G I Q K N N R X I J
Y F D C H O B B I E S I E L
A D I E V F C C N G C N S N
K E D S O C N Q G W P G X L
C O N S E Q U A T Q J S O I
T R I S T I Q U E W V L Z S
```

ULTRICES
BOXING
CONSEQUAT
GOLF
PISCANDI
HOBBIES
BASEBALL
CASTRA
ES

AMET
TRAVEL
PICTURA
SUPERFICIES
TRISTIQUE
GARDENING
DIGNISSIM
PULVINAR
NATANTES

91 - Water

```
V P X V I L D L U V S D O D
A L G H T C Q J I M E R G I
P U J I G Z E L M H O D T L
O V H U M I D O B F F R G U
R I H D P R O C E L L A E V
J A E T E S I A R U U L L I
N I X C D W P M B C M A U U
C A N A L I S S H T E C O M
R U Y K W W V S K U N U A Q
H U M I D I T A S S H S E G
I Z I R R I G A T I O N E S
O C E A N U M G E Y S E R P
H P S E V A P O R A T I O Q
U J I E U K V Y B W K Y C M
```

IMBER	DILUVIUM
GEYSER	PLUVIA
FLUCTUS	FLUMEN
ICE	NIX
IRRIGATIONES	VAPOR
CANALIS	EVAPORATIO
LACUS	UMOR
ETESIA	HUMIDO
OCEANUM	HUMIDITAS
PROCELLAE	GELU

92 - Schaken

```
N  I  G  R  U  M  P  H  D  Q  O  G  A  L
P  U  N  C  T  A  R  J  H  W  W  M  D  U
M  X  R  O  P  S  A  Z  Z  V  L  B  V  D
T  B  W  J  D  F  E  W  K  M  U  F  E  U
Y  A  J  D  I  S  C  E  R  E  D  P  R  M
C  E  R  T  A  M  E  N  Q  Q  I  R  S  T
R  V  N  N  M  N  P  I  V  E  O  E  A  E
I  E  V  L  E  V  T  A  A  W  L  G  R  M
A  K  X  G  T  A  A  X  S  Z  U  I  I  P
K  U  Q  K  E  J  L  M  K  S  D  N  U  U
R  C  T  C  R  M  U  B  R  P  I  A  S  S
C  O  N  S  I  L  I  O  U  U  U  V  F  X
G  G  P  T  X  G  R  D  I  S  S  Y  A  V
M  F  O  R  T  I  S  S  I  M  U  S  S  E
```

DIAMETER	LUDUM
FORTISSIMUS	LUDIO LUDIUS
REX	CONSILIO
REGINA	ADVERSARIUS
DISCERE	TEMPUS
PASSIVA	CERTAMEN
PUNCTA	ALBUS
PRAECEPTA	NIGRUM

93 - Boerderij #1

```
A  P  I  S  E  E  M  S  Z  V  I  G  S  H
G  R  E  G  E  M  P  U  L  L  U  M  E  I
R  V  S  J  K  O  K  O  G  P  W  R  P  R
I  Z  E  J  A  I  R  O  C  Y  W  T  E  C
C  A  M  M  L  G  V  N  A  Q  Y  Q  M  U
U  G  I  F  B  E  I  Z  P  W  B  A  W  M
L  R  N  O  A  S  T  E  R  C  O  R  A  T
T  O  A  B  W  Q  U  T  Y  O  S  C  A  G
U  C  A  N  I  S  L  X  R  R  A  Q  U  A
R  O  C  E  Q  U  U  S  I  V  S  O  T  Q
A  A  S  M  E  L  M  M  C  U  H  R  R  I
A  S  I  N  U  S  W  R  E  S  Y  A  V  O
W  Z  F  E  L  I  S  E  T  I  L  Z  Y  A
I  A  N  R  M  D  M  N  Y  B  K  K  D  S
```

APIS	BOS
ASINUS	CORVUS
HIRCUM	GREGEM
SEPEM	AGRICULTURA
CANIS	STERCORAT
MEL	EQUUS
HAY	RICE
VITULUM	AGRO
FELIS	AQUA
PULLUM	SEMINA

94 - Huis

```
S O S T I U M T G D E J B I
V U B N U G B T E C T U M M
R V P Y J L L L N E H C E B
L D I E I L E X I H J U V E
A U F Y L N N B S O G B E R
Q S C E I L U N T R A I S A
U E O E B I E W A T R C T T
E P L J R M V C E U A U I T
A E R C A N U U T S G L B I
R M G A R I A R L I E U U C
I P H M Y R R P U V L M L A
A J J I P F O C O M H E U S
G H Y N L O C U S J G G M O
M U E O N U S P E C U L U M
```

GENISTAE
LIBRARY
TECTUM
OSTIUM
IMBER
GARAGE
FOCO
SEPEM
LOCUS
VESTIBULUM

LUCERNA
SUPELLECTILEM
MURUM
LAQUEARIA
CAMINO
CUBICULUM
SPECULUM
HORTUS
ATTICA

95 - Kleuren

```
P O U T R N T X B W N R J F
P U E Z E Z X K H F S C Y Z
R I R U D E F X C Q B O X D
U H N P V F K W A D X V N J
M H O K U G R E Y B E I G E
A P G N I R C F F L A V U M
P W N I C L A P U U K I C R
Z A V G A U R K C E C R T L
J L L R E O S O H V N I L H
M B U U R I T J S F L D U D
V U M M U R G C I N L I A Y
B S G T L N B X A L O S I R
N Z N N U B R O W N R P A F
N P O H S Q S V Z V F V X Y
```

CAERULUS   VIRIDIS
BEIGE   RHONCUS
BLUE   PURPURA
BROWN   RED
FUCHSIA   PINK
FLAVUM   ALBUS
GREY   NIGRUM

96 - Verjaardag

```
E  S  D  O  N  U  M  N  R  T  L  Y  G  B
E  P  A  R  S  L  A  E  T  A  G  G  I  I
C  E  L  E  B  R  A  T  I  O  A  W  L  C
A  C  I  U  V  E  N  E  S  R  R  V  D  Q
N  I  J  E  E  C  A  N  D  E  L  A  S  C
T  A  T  B  P  F  N  T  S  A  X  U  P  A
I  L  U  B  G  X  N  E  U  Q  L  N  Z  L
C  I  H  O  R  K  O  M  A  S  S  A  E  E
U  S  N  E  V  C  B  P  N  L  V  T  S  N
M  E  M  O  R  I  A  U  D  S  K  U  D  D
Y  B  A  M  I  C  I  S  I  O  I  S  T  A
D  I  S  C  E  R  E  Y  E  I  D  F  K  R
K  D  S  I  N  V  I  T  A  R  E  Q  L  P
S  A  P  I  E  N  T  I  A  Z  V  I  D  G
```

LAETA	CALENDAR
MASSAE	DISCERE
DIE	CANTICUM
NATUS	PARS
BEATUS	SPECIALIS
DONUM	TEMPUS
MEMORIA	INVITARE
ANNO	CELEBRATIO
IUVENES	AMICIS
CANDELAS	SAPIENTIA

97 - Getallen

```
T Q Q U T L S P Z X Y T C D
R U U N Q X E Q U I N Q U E
E A I D U O P K R E U Z J I
D T N E A C T D G R L N B U
E T D V T T E U F V L T U H
C U E I T O M O I A A V M M
I O C G U F H D E C E M U F
M R I I O U S E D E C I M A
V P M N R O E C Z T O Y J H
D A I T D K X I A R I Z X Y
C I F I E S H M O E T J X S
B R I L C X B E L S M Z G C
F K N V I G I N T I T T E U
N O V E M A D M A P N Q V X
```

OCTO	DUO
TREDECIM	VIGINTI
TRES	QUATTUORDECIM
UNUM	QUATTUOR
NOVEM	QUINQUE
UNDEVIGINTI	QUINDECIM
NULLA	SEX
DECEM	SEDECIM
DUODECIM	SEPTEM

98 - Boerderij #2

```
T U T R A C T O R Z N I T F
J S U H O I A P R A T I R R
H O M G V B F T M N A R I U
H O R R E U M F E A N R T C
M O A L S M U Z E T I I I T
J A R G L L A M A I M G C U
P N T D R Q S T G S A A U S
H F V U E I R H N P L T M G
N D U N R U C T U Y I I N C
Z Q T X T A M O S R A O T A
O R C H A R D R L A C N L W
F R U M E N T U M A I E O I
Y V E G E T A B I L I S Q I
W I N D M I L L A M Z S B Y
```

AGRICOLA
ORCHARD
ANIMALIA
ANATIS
FRUCTUS
HORDEUM
VEGETABILIS
IRRIGATIONES
AGNUS
LLAMA

FRUMENTUM
LAC
MATURA
OVES
HORREUM
TRITICUM
TRACTOR
CIBUM
PRATI
WINDMILL

99 - Voeding

```
C  S  E  S  E  R  V  O  T  O  X  I  N  G
F  X  D  I  E  T  L  I  B  R  A  T  U  M
E  F  U  C  O  N  D  I  M  E  N  T  U  M
M  V  L  I  B  W  L  I  Q  U  O  R  E  S
V  V  I  B  H  X  W  B  U  I  S  P  F  L
P  I  S  U  X  B  H  S  A  P  O  R  E  M
O  W  T  S  Z  B  K  Y  L  H  U  P  R  C
N  H  E  A  M  A  R  A  I  O  O  T  M  P
D  Y  M  L  M  O  R  G  T  I  S  Y  E  E
U  O  Q  U  V  I  D  A  A  L  U  H  N  L
S  X  K  T  S  A  N  U  S  F  A  Q  T  Y
A  P  P  E  T  I  T  U  S  W  O  R  U  J
R  T  G  M  B  V  K  L  M  I  T  D  M  I
L  Q  A  D  I  P  I  S  C  I  N  G  C  H
```

AMARA	SANUS
ADIPISCING	SALUTEM
DIET	QUALITAS
EDULIS	CONDIMENTUM
APPETITUS	SAPOREM
SERVO	TOXIN
LIBRATUM	VITAMINUM
FERMENTUM	LIQUORES
PONDUS	CIBUS

1 - Metingen

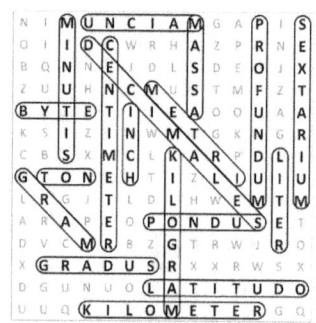

2 - Keuken

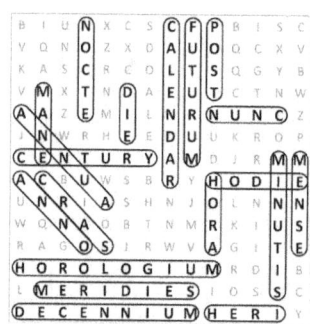

3 - Boten

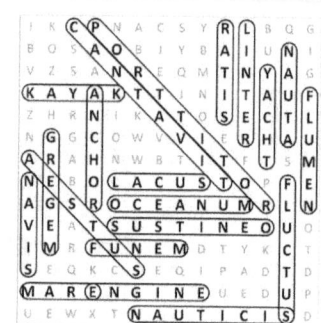

4 - Chocolade

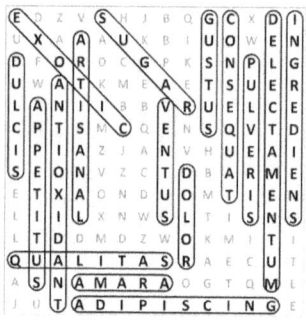

5 - Tijd

6 - Meditatie

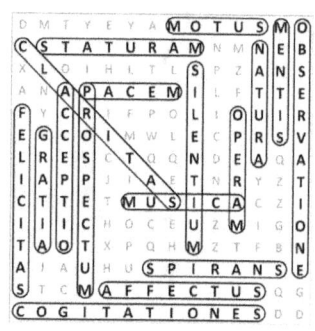

7 - Zomer

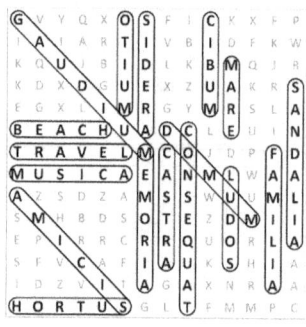

8 - Vogels

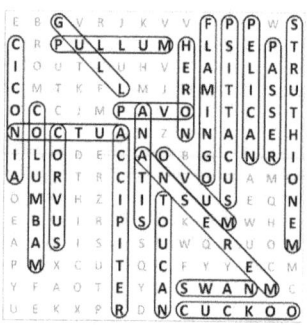

9 - Behoud

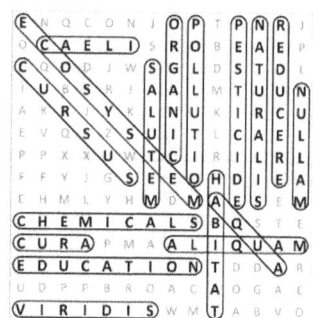

10 - Wiskunde

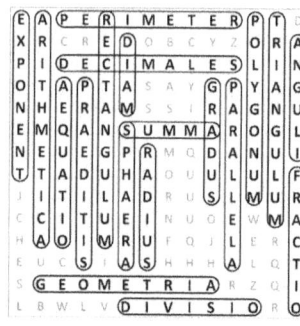

11 - Camping

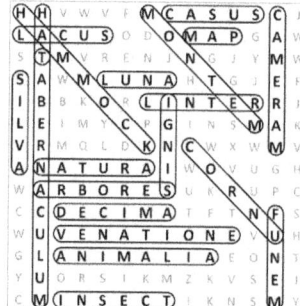

12 - Activiteiten

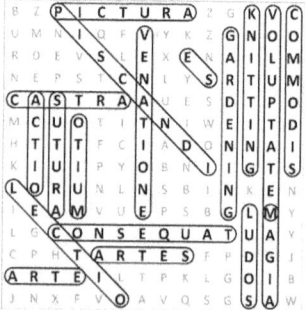

13 - Vormen

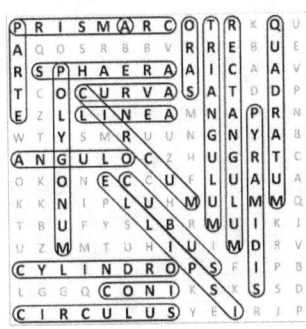

14 - Astronomie

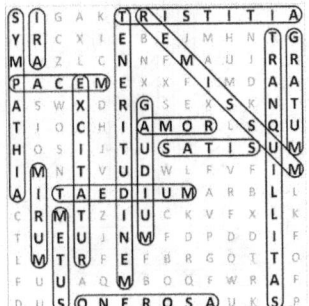

15 - Emoties

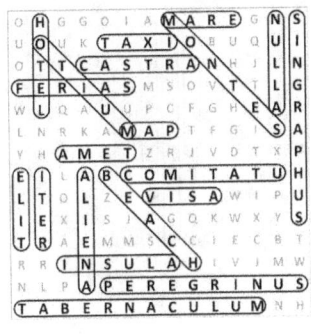

16 - Vakantie #2

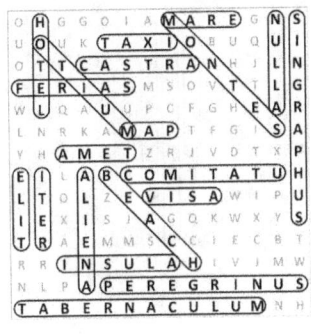

17 - Weersomstandigh

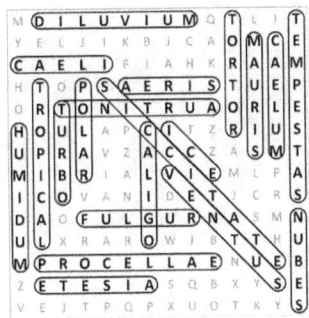

18 - Strand

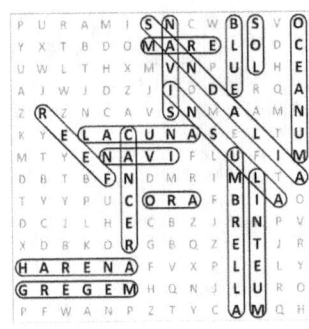

19 - Eten #2

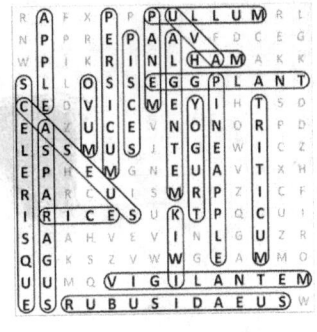

20 - Klimmen

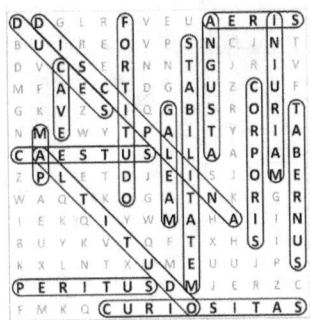

21 - Gymnastiek

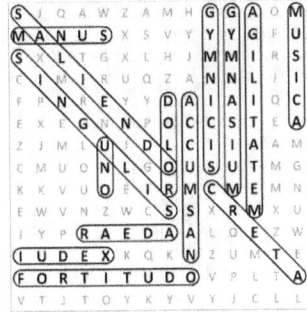

22 - Geologie

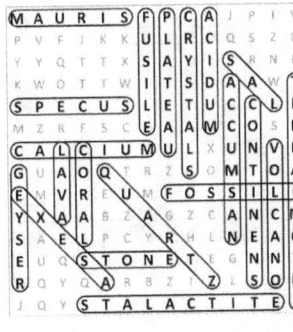

23 - Specerijen

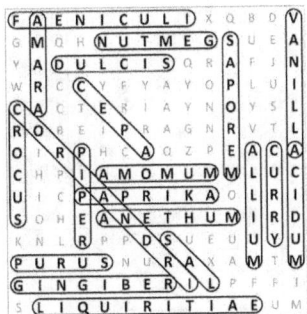

24 - Groenten

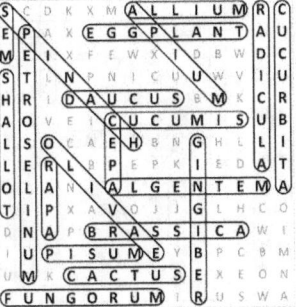

25 - Dans

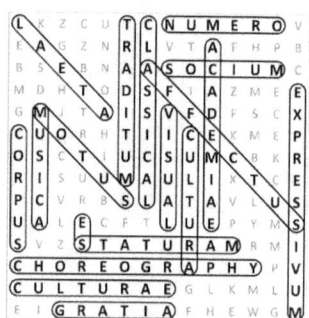

26 - Sport

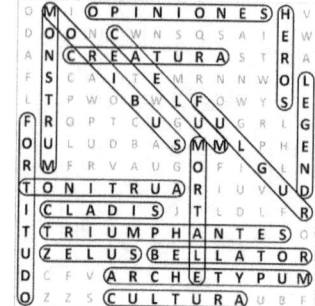

27 - Mythologie

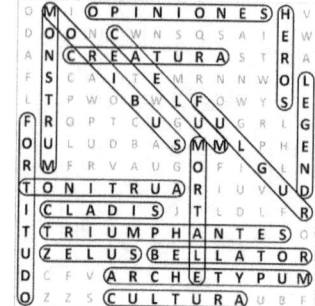

28 - Vakantie #1

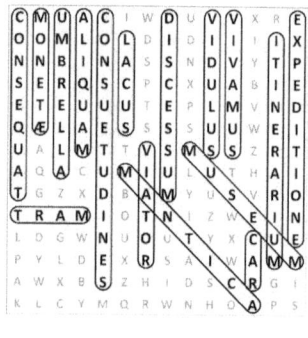

29 - Eten #1

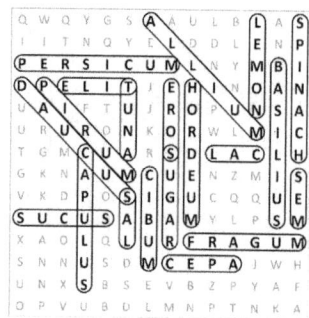

30 - Avontuur

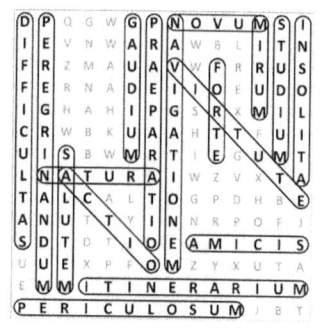

31 - Circus

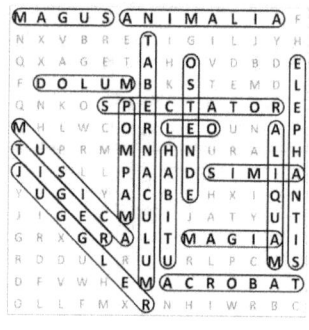

32 - Restaurant #2

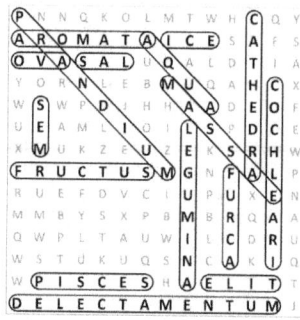

33 - Bijen

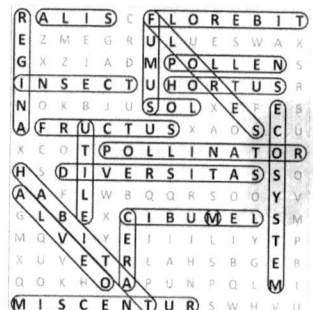

34 - Vriendelijkheid

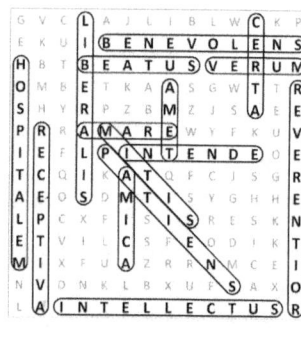

35 - School #1

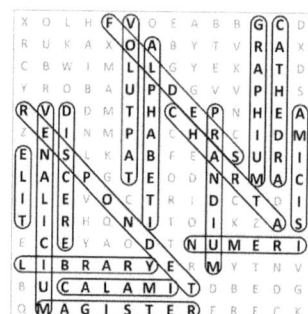

36 - Wandelen

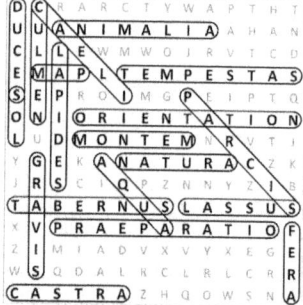

37 - Ecologie

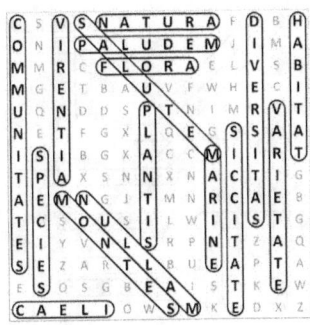

38 - Installaties

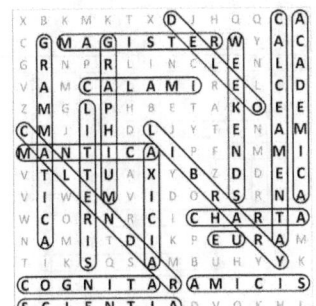

39 - School #2

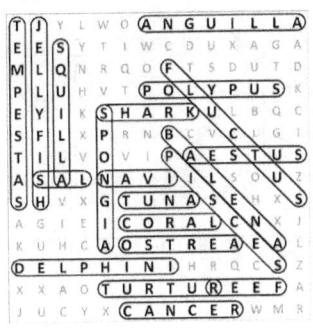

40 - Oceaan

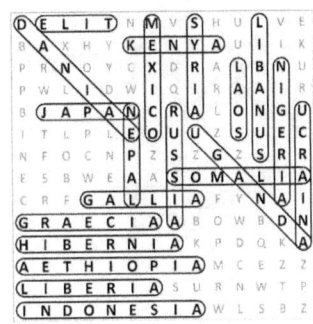

41 - Landen #2

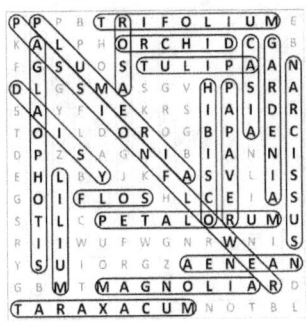

42 - Bloemen

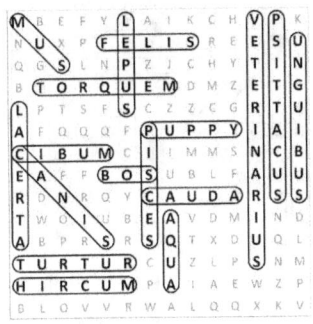

43 - Huisdieren

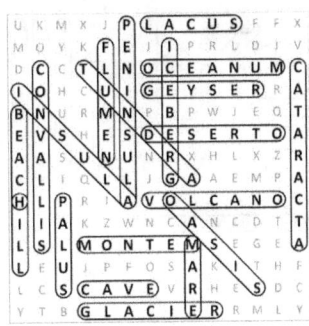

44 - Landschappen

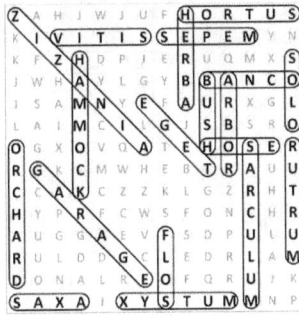

45 - Tuin

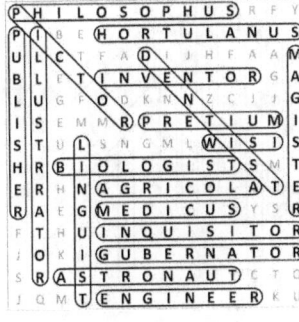

46 - Beroepen #2

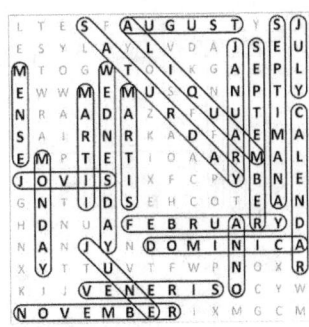

47 - Dagen en Maanden

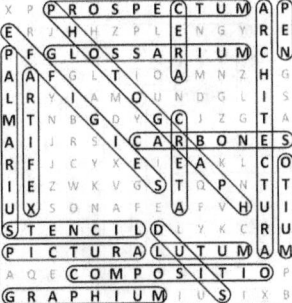

48 - Beeldende Kunsten

49 - Menselijk Lichaam

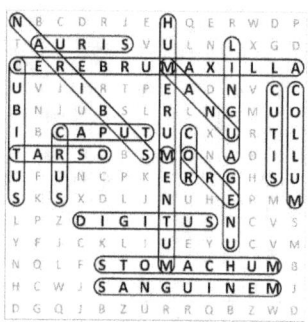

50 - Familie

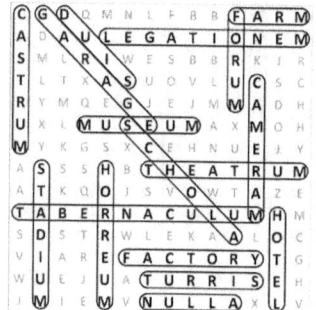

51 - Gebouwen

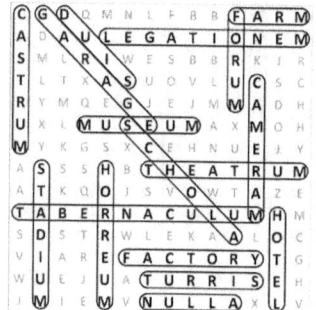

52 - Kunst

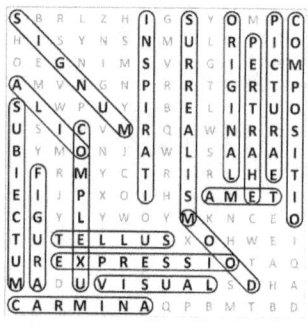

53 - Beroepen #1

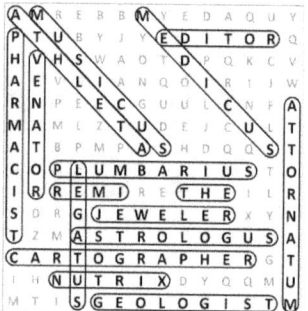

54 - Kastelen

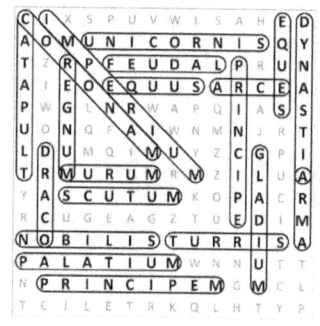

55 - Insecten

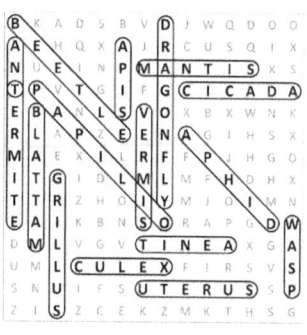

56 - Antarctica

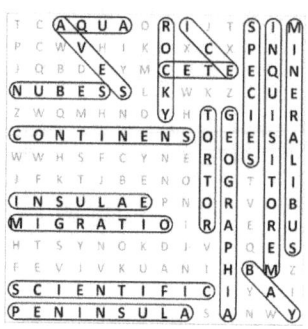

57 - Ballet

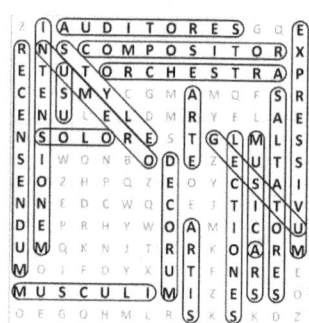

58 - Vissen

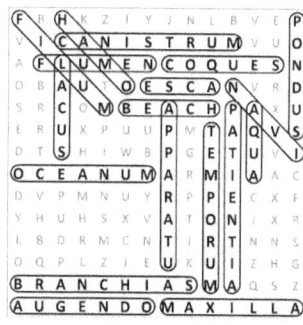

59 - Fruit

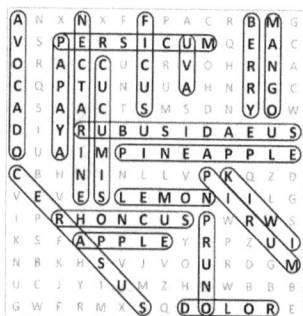

60 - Literatuur

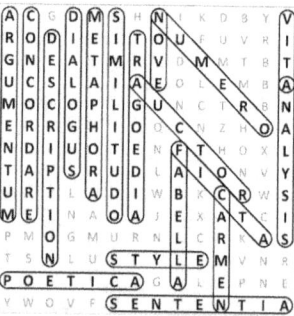

61 - Technologie

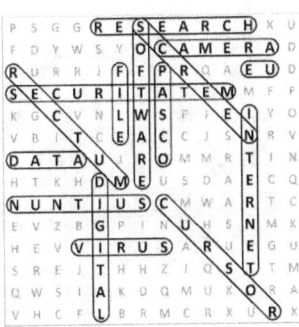

62 - Boeken

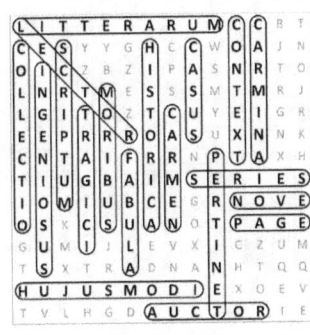

63 - Meer Informatie

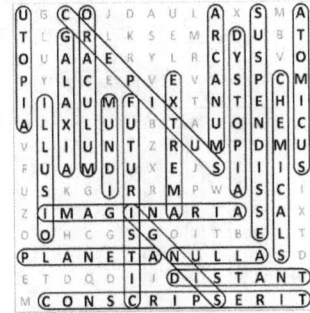

64 - Regenwoud

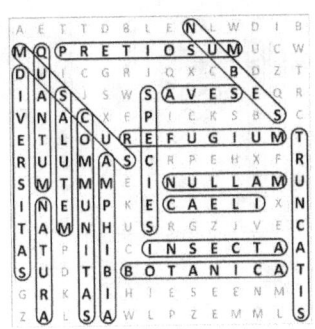

65 - Haartypes

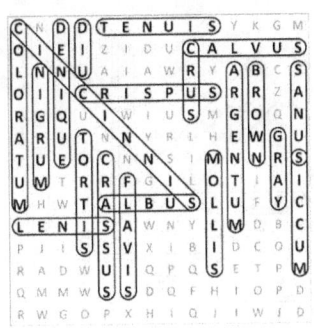

66 - Stad

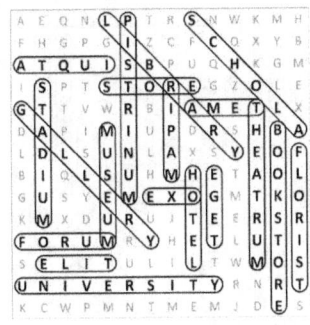

67 - Natuur

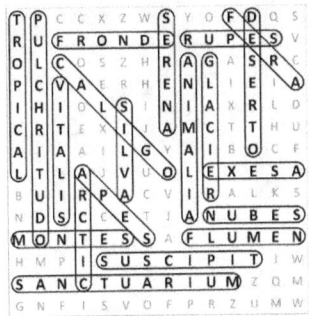

68 - Dinosaurussen

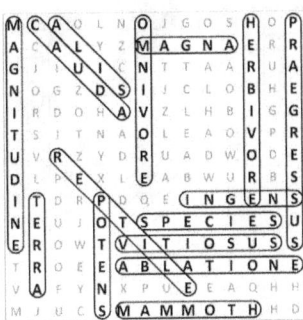

69 - Zoogdieren

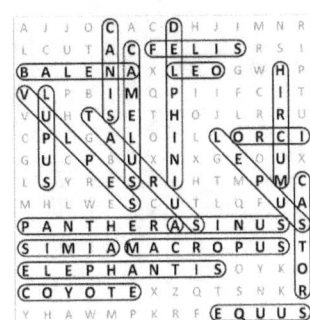

70 - 1 Jaar Geleden

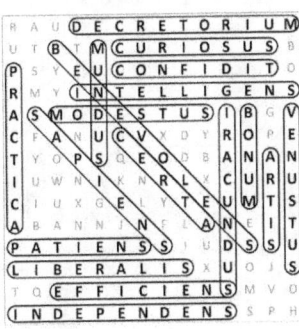

71 - Kampioenschap

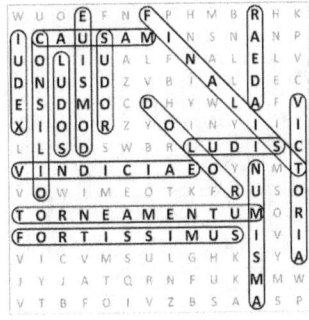

72 - Exploratie

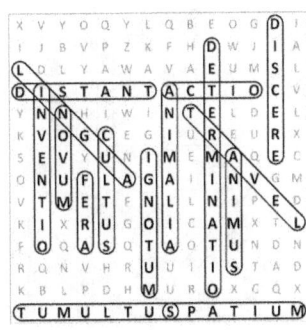

73 - Voertuigen

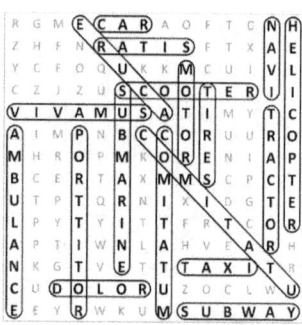

74 - Geografie

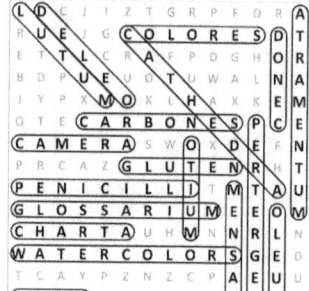

75 - Kunstbenodigdhe

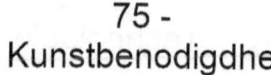

76 - Barbecues

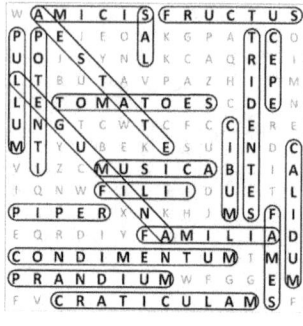

77 - Wetenschappelijk

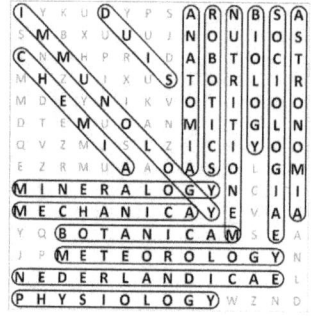

78 - Bijvoeglijke Naamwoorden

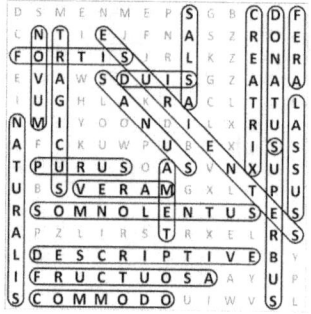

79 - Kleding

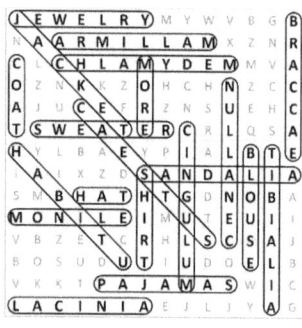

80 - Vliegtuigen

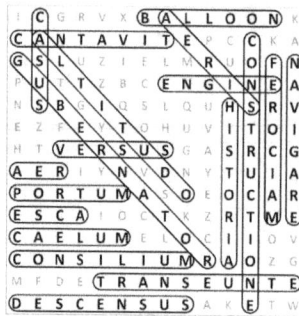

81 - Herbalisme

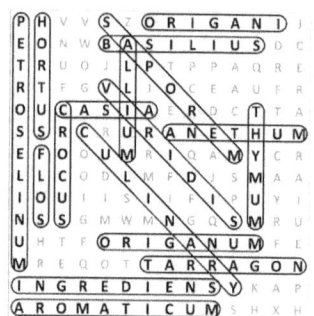

82 - Piraten

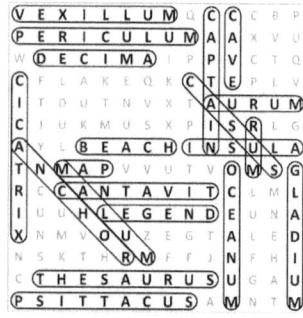

83 - Surfen

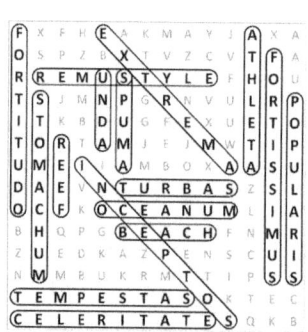

84 - Rijden

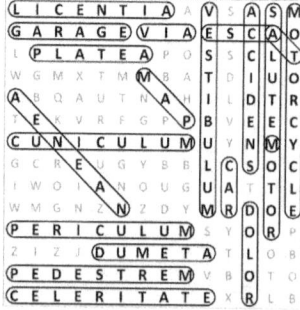

85 - Wetenschap

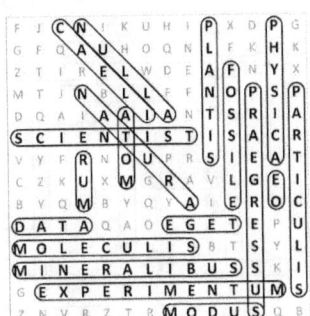

86 - Hulpmiddelen

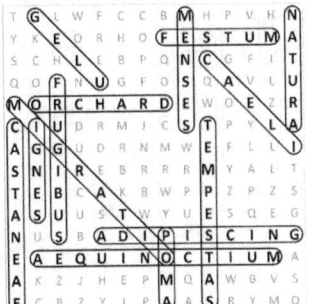

87 - Herfst

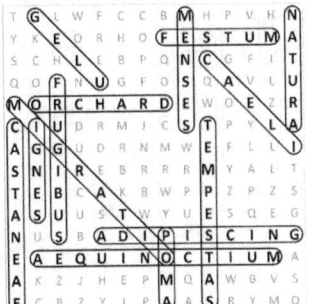

88 - Speelgoed

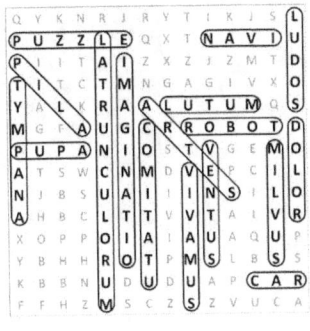

89 - Muziekinstrument

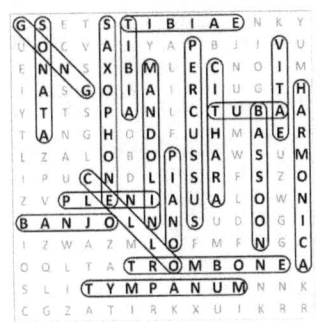

90 - Activiteiten en Vrije Ti

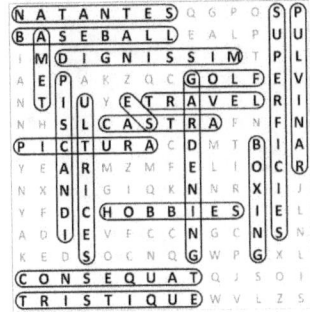

91 - Water

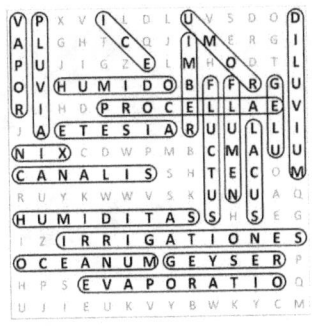

92 - Schaken

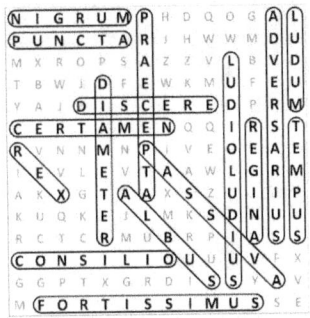

93 - Boerderij #1

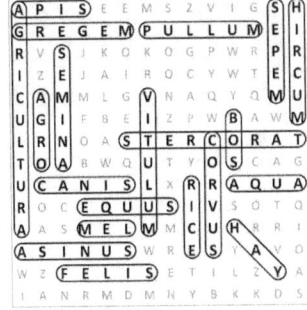

94 - Huis

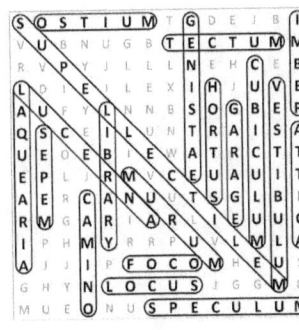

95 - Kleuren

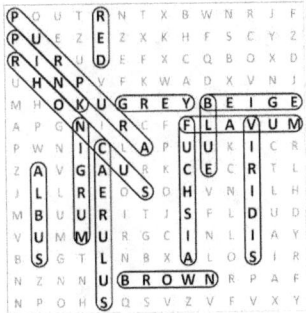

96 - Verjaardag

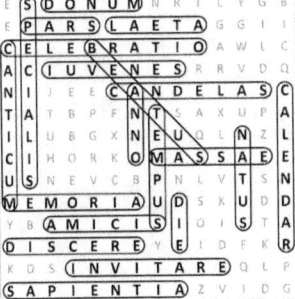

97 - Getallen

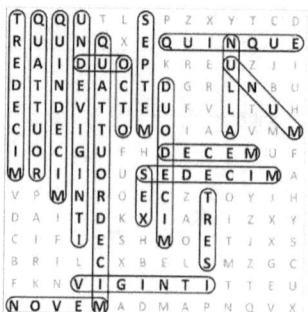

98 - Boerderij #2

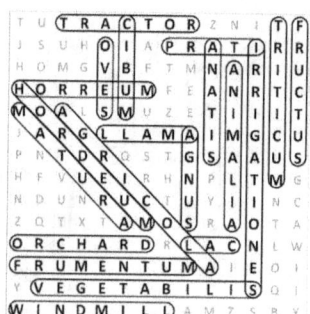

99 - Voeding

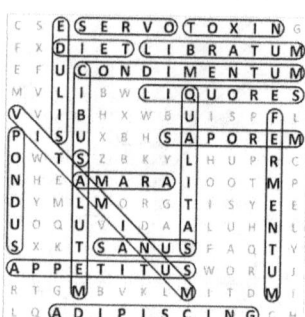

Woordenboek

1 Jaar Geleden
Virtutes #1

Artistiek	Artis
Behulpzaam	Benevolens
Bescheiden	Modestus
Beslissend	Decretorium
Betrouwbaar	Certa
Charmant	Venustus
Efficiënt	Efficiens
Gepassioneerd	Iracundus
Goed	Bonum
Gul	Liberalis
Intelligent	Intelligens
Nieuwsgierig	Curiosus
Onafhankelijk	Independens
Patiënt	Patiens
Praktisch	Practica
Schoon	Mundus
Wijs	Sapiens
Zelfverzekerd	Confidit

Activiteiten
Operationes

Activiteit	Actio
Ambachten	Artes
Belangen	Commodis
Breien	Knitting
Fotografie	Consequat
Games	Ludos
Hengelsport	Piscandi
Jacht	Venatione
Kamperen	Castra
Kunst	Es
Lezen	Lectio
Magie	Magia
Naaien	Sutura
Plezier	Voluptatem
Schilderij	Pictura
Tuinieren	Gardening
Vaardigheid	Arte
Vrije Tijd	Otium

Activiteiten en Vrije Ti
Operationes et Otium

Basketbal	Ultrices
Boksen	Boxing
Duiken	Consequat
Golf	Golf
Hengelsport	Piscandi
Hobby	Hobbies
Honkbal	Baseball
Kamperen	Castra
Kunst	Es
Ontspannen	Amet
Reis	Travel
Schilderij	Pictura
Surfen	Superficies
Tennis	Tristique
Tuinieren	Gardening
Voetbal	Dignissim
Volleybal	Pulvinar
Zwemmen	Natantes

Antarctica
Antarctica

Baai	Bay
Continent	Continens
Eilanden	Insulae
Expeditie	Expeditione
Geografie	Geographia
Ijs	Ice
Migratie	Migratio
Mineralen	Mineralibus
Omgeving	Environment
Onderzoeker	Inquisitorem
Rotsachtig	Rocky
Schiereiland	Peninsula
Soort	Species
Temperatuur	Tortor
Topografie	Topographia
Vogels	Aves
Walvissen	Cete
Water	Aqua
Wetenschappelijk	Scientific
Wolken	Nubes

Astronomie
Astronomia

Aarde	Terra
Asteroïde	Asteroidem
Astronaut	Astronaut
Astronoom	Astrologus
Equinox	Aequinoctium
Komeet	Cometa
Kosmos	Cosmos
Maan	Luna
Meteoor	Meteoron
Nevel	Nebula
Observatorium	Observatorium
Planeet	Planeta
Raket	Eruca
Satelliet	Satelles
Ster	Stella
Sterrenbeeld	Sidus
Straling	Radialis
Telescoop	Telescopium
Universum	Universi
Zwaartekracht	Gravitatis

Avontuur
Casus

Activiteit	Actio
Enthousiasme	Studium
Excursie	Peregrinandum
Gevaarlijk	Periculosum
Kans	Forte
Moed	Virtute
Moeilijkheid	Difficultas
Natuur	Natura
Navigatie	Navigationem
Nieuw	Novum
Ongewoon	Insolita
Reisplan	Itinerarium
Schoonheid	Pulchritudo
Veiligheid	Salutem
Verrassend	Mirum
Voorbereiding	Praeparatio
Vreugde	Gaudium
Vrienden	Amicis

Ballet
Talarium

Artistiek	Artis
Choreografie	Choreography
Componist	Compositor
Dansers	Saltatores
Expressief	Expressivum
Gebaar	Gestu
Intensiteit	Intensionem
Lessen	Lectiones
Muziek	Musica
Orkest	Orchestra
Praktijk	Usu
Publiek	Auditores
Repetitie	Recensendum
Ritme	Numero
Sierlijk	Decorum
Solo	Solo
Spieren	Musculi
Stijl	Style
Techniek	Ars
Vaardigheid	Arte

Barbecues
Barbecues

Diner	Prandium
Familie	Familia
Fruit	Fructus
Grill	Craticulam
Groente	Legumina
Heet	Calidum
Honger	Fames
Kinderen	Filii
Kip	Pullum
Muziek	Musica
Peper	Piper
Salades	Potenti
Saus	Condimentum
Tomaten	Tomatoes
Uien	Cepe
Voedsel	Cibum
Vorken	Tridentes
Vrienden	Amicis
Zomer	Aestate
Zout	Sal

Beeldende Kunsten
Artibus

Architectuur	Architectura
Artiest	Artifex
Creativiteit	Glossarium
Ezel	Otium
Film	Duis
Foto	Photograph
Houtskool	Carbones
Klei	Lutum
Krijt	Creta
Meesterwerk	Palmarius
Pen	Pen
Perspectief	Prospectum
Portret	Effigies
Potlood	Graphium
Samenstelling	Compositio
Schilderij	Pictura
Stencil	Stencil
Was	Cera

Behoud
Conservationem

Chemicaliën	Chemicals
Duurzaam	Nullam
Ecosysteem	Ecosystem
Fiets	Cursus
Gezondheid	Salutem
Groen	Viridis
Habitat	Habitat
Klimaat	Caeli
Milieu	Aliquam
Natuurlijk	Naturalis
Onderwijs	Education
Organisch	Organic
Pesticide	Pesticide
Veranderingen	Mutationes
Verminderen	Reducere
Vervuiling	Pollutio
Water	Aqua
Zorg	Cura

Beroepen #1
Professionibus #1

Advocaat	Attornatum
Ambassadeur	Legatus
Apotheker	Pharmacist
Astronoom	Astrologus
Atleet	Athleta
Bankier	Remi
Cartograaf	Cartographer
Danser	Saltator
Dierenarts	Veterinarius
Dokter	Medicus
Editor	Editor
Geoloog	Geologist
Jager	Venator
Juwelier	Jeweler
Loodgieter	Plumbarius
Muzikant	Musicus
Pianist	The
Psycholoog	Psychologist
Verpleegster	Nutrix
Wetenschapper	Scientist

Beroepen #2
Professionibus #2

Arts	Medicus
Astronaut	Astronaut
Bioloog	Biologist
Boer	Agricola
Detective	Inquisitor
Filosoof	Philosophus
Fotograaf	Pretium
Illustrator	Illustrrator
Ingenieur	Engineer
Journalist	Wisi
Leraar	Magister
Linguïst	Linguist
Onderzoeker	Inquisitorem
Piloot	Gubernator
Schilder	Pictor
Tandarts	Dentist
Tuinman	Hortulanus
Uitgever	Publisher
Uitvinder	Inventor
Zoöloog	Zoologist

Bijen
Apes

Bestuiver	Pollinator
Bijenkorf	Alveo
Bloemen	Flores
Bloesem	Florebit
Diversiteit	Diversitas
Ecosysteem	Ecosystem
Fruit	Fructus
Habitat	Habitat
Honing	Mel
Insect	Insect
Koningin	Regina
Rook	Fumus
Stuifmeel	Pollen
Tuin	Hortus
Vleugels	Alis
Voedsel	Cibum
Voordelig	Utile
Was	Cera
Zon	Sol
Zwerm	Miscentur

Bijvoeglijke Naamwoorden
Adiectiva #1

Aantrekkelijk	Nibh
Actief	Activa
Ambitieus	Ambitiosa
Aromatisch	Aromaticum
Artistiek	Artis
Belangrijk	Maximus
Diep	Altum
Donker	Tenebris
Dun	Tenuis
Eerlijk	Amet
Exotisch	Exotic
Identiek	Idem
Jong	Iuvenes
Lang	Diu
Langzaam	Tardus
Modern	Modern
Onschuldig	Innocens
Perfect	Perfectum
Waardevol	Pretiosum
Zwaar	Gravis

Bijvoeglijke Naamwoorden
Adiectiva #2

Authentiek	Veram
Begaafd	Donatus
Beschrijvend	Descriptive
Creatief	Creatrix
Dramatisch	Tragicus
Gezond	Sanus
Hongerig	Esurientes
Interessant	Commodo
Moe	Lassus
Natuurlijk	Naturalis
Nieuw	Novum
Normaal	Duis
Productief	Fructuosa
Slaperig	Somnolentus
Sterk	Fortis
Trots	Superbus
Verantwoordelijk	Amet
Wild	Fera
Zout	Salsa
Zuiver	Purus

Bloemen
Flores

Bloemblad	Petalorum
Boeket	Flos
Gardenia	Gardenia
Hibiscus	Hibisco
Jasmijn	Aenean
Klaver	Trifolium
Lavendel	Casia
Lelie	Lilium
Madeliefje	Daisy
Magnolia	Magnolia
Narcis	Narcissus
Orchidee	Orchid
Paardebloem	Taraxacum
Papaver	Papaver
Passiebloem	Passionflower
Pioenroos	Aglaophotis
Plumeria	Plumeria
Roos	Rosa
Tulp	Tulipa
Zonnebloem	Helianthus

Boeken
Books

Auteur	Auctor
Avontuur	Casus
Bladzijde	Page
Collectie	Collectio
Context	Context
Dualiteit	Dualitatem
Gedicht	Carmen
Geschreven	Scriptum
Historisch	Historica
Humoristisch	Hujusmodi
Inventief	Ingeniosus
Karakter	Moribus
Lezer	Lector
Literair	Litterarum
Poëzie	Carmina
Relevant	Pertinet
Roman	Nove
Serie	Series
Tragisch	Tragici
Verhaal	Fabula

Boerderij #1
Farm #1

Bij	Apis
Ezel	Asinus
Geit	Hircum
Hek	Sepem
Hond	Canis
Honing	Mel
Hooi	Hay
Kalf	Vitulum
Kat	Felis
Kip	Pullum
Koe	Bos
Kraai	Corvus
Kudde	Gregem
Landbouw	Agricultura
Mest	Stercorat
Paard	Equus
Rijst	Rice
Veld	Agro
Water	Aqua
Zaden	Semina

Boerderij #2
Farm #2

Boer	Agricola
Boomgaard	Orchard
Dieren	Animalia
Eend	Anatis
Fruit	Fructus
Gerst	Hordeum
Groente	Vegetabilis
Irrigatie	Irrigationes
Lam	Agnus
Lama	Llama
Maïs	Frumentum
Melk	Lac
Rijp	Matura
Schaap	Oves
Schuur	Horreum
Tarwe	Triticum
Tractor	Tractor
Voedsel	Cibum
Weide	Prati
Windmolen	Windmill

Boten
Navibus

Anker	Anchor
Bemanning	Cantavit
Boei	Sustineo
Dok	Gregem
Golven	Fluctus
Jacht	Yacht
Kajak	Kayak
Kano	Linter
Matroos	Nauta
Meer	Lacus
Motor	Engine
Nautisch	Nauticis
Oceaan	Oceanum
Rivier	Flumen
Tij	Aestus
Touw	Funem
Veerboot	Porttitor
Vlot	Ratis
Zee	Mare
Zeilboot	Navis

Camping
Castra

Avontuur	Casus
Berg	Montem
Bomen	Arbores
Bos	Silva
Brand	Ignis
Cabine	Cameram
Dieren	Animalia
Hangmat	Hammock
Hoed	Hat
Insect	Insect
Jacht	Venatione
Kaart	Map
Kano	Linter
Kompas	Decima
Lantaarn	Cornu
Maan	Luna
Meer	Lacus
Natuur	Natura
Tent	Tabernaculum
Touw	Funem

Chocolade
Scelerisque

Antioxidant	Antioxidant
Artisanaal	Artisanal
Bitter	Amara
Calorieën	Adipiscing
Exotisch	Exotic
Favoriet	Ventus
Heerlijk	Delectamentum
Ingrediënt	Ingrediens
Kokosnoot	Dolor
Kwaliteit	Qualitas
Poeder	Pulveris
Recept	Consequat
Smaak	Gustus
Suiker	Sugar
Verlangen	Appetitus
Zoet	Dulcis

Circus
Circo

Aap	Simia
Acrobaat	Acrobat
Ballonnen	Balloons
Dieren	Animalia
Goochelaar	Magus
Jongleur	Juggler
Kaartje	Aliquam
Kostuum	Habitu
Laat	Ostende
Leeuw	Leo
Magie	Magia
Muziek	Musica
Olifant	Elephantis
Parade	Pompam
Tent	Tabernaculum
Tijger	Tiger
Toeschouwer	Spectator
Truc	Dolum

Dagen en Maanden
Diebus et Mensibus

Augustus	August
Dinsdag	Martis
Donderdag	Jovis
Februari	February
Jaar	Anno
Januari	January
Juli	July
Juni	June
Kalender	Calendar
Maand	Mense
Maandag	Monday
Maart	Martii
November	November
Oktober	Aliquam
September	September
Vrijdag	Veneris
Week	Septimana
Woensdag	Wednesday
Zaterdag	Saturday
Zondag	Dominica

Dans
Chorus

Academie	Academiae
Beweging	Motus
Blij	Laeta
Choreografie	Choreography
Cultureel	Culturae
Cultuur	Cultura
Emotie	Affectus
Expressief	Expressivum
Genade	Gratia
Houding	Staturam
Klassiek	Classical
Kunst	Es
Lichaam	Corpus
Muziek	Musica
Partner	Socium
Repetitie	Recensendum
Ritme	Numero
Traditioneel	Traditum
Visueel	Visual

Dinosaurussen
Dinosaurs

Aarde	Terra
Enorm	Ingens
Evolutie	Praegressus
Groot	Magna
Grootte	Magnitudine
Herbivoor	Herbivore
Krachtig	Potens
Mammoet	Mammoth
Omnivoor	Omnivore
Prehistorisch	Prehistoric
Reptiel	Reptile
Soort	Species
Staart	Cauda
Verdwijning	Ablatione
Vicieuze	Vitiosus
Vleugels	Alis

Ecologie
Oecologia

Bergen	Montes
Diversiteit	Diversitas
Droogte	Siccitate
Duurzaam	Nullam
Flora	Flora
Gemeenschappen	Communitates
Habitat	Habitat
Klimaat	Caeli
Marinier	Marine
Moeras	Paludem
Natuur	Natura
Natuurlijk	Naturalis
Overleving	Salutem
Planten	Plantis
Soort	Species
Variëteit	Varietate
Vegetatie	Virentia
Vrijwilligers	Voluntariis

Emoties
Affectus

Angst	Metus
Beschaamd	Onerosa
Dankbaar	Gratum
Droefheid	Tristitia
Kalm	Tranquillitas
Liefde	Amor
Ontspannen	Remissum
Opgewonden	Excitatur
Sympathie	Sympathia
Tederheid	Teneritudinem
Tevreden	Satis
Verrassing	Mirum
Verveling	Taedium
Vrede	Pacem
Vreugde	Gaudium
Vriendelijkheid	Misericordiam
Woede	Ira

Eten #1
Cibum #1

Aardbei	Fragum
Abrikoos	Persicum
Basilicum	Basilius
Citroen	Lemon
Gerst	Hordeum
Knoflook	Allium
Koffie	Capulus
Melk	Lac
Peer	Pirum
Pinda	Eros
Salade	Sem
Sap	Sucus
Soep	Elit
Spinazie	Spinach
Suiker	Sugar
Tonijn	Tuna
Ui	Cepa
Vlees	Cibum
Wortel	Daucus
Zout	Sal

Eten #2
Cibum #2

Amandel	Vigilantem
Ananas	Pineapple
Appel	Apple
Asperge	Asparagus
Aubergine	Eggplant
Broccoli	Algentem
Brood	Panem
Chocolade	Scelerisque
Druif	Uva
Ei	Ovum
Framboos	Rubus Idaeus
Ham	Ham
Kaas	Caseus
Kip	Pullum
Kiwi	Kiwi
Perzik	Persicum
Rijst	Rice
Tarwe	Triticum
Vis	Pisces
Yoghurt	Yogurt

Exploratie
Explorationem

Activiteit	Actio
Bepaling	Determinatio
Culturen	Cultus
Dieren	Animalia
Leren	Discere
Moed	Animus
Nieuw	Novum
Onbekend	Ignotum
Ontdekking	Inventio
Opwinding	Tumultus
Reis	Travel
Ruimte	Spatium
Taal	Lingua
Ver	Distant
Wild	Fera

Familie
Familia

Broer	Frater
Dochter	Filia
Grootmoeder	Avia
Jeugd	Pueritia
Kind	Puer
Kinderen	Filii
Kleinkind	Nepotem
Man	Vir
Moeder	Mater
Neef	Nepos
Nicht	Neptis
Oom	Patruus
Opa	Avus
Tante	Matertera
Tweeling	Gemini
Vader	Pater
Vaderlijk	Paterni
Voorouder	Ancestor
Vrouw	Uxor
Zus	Soror

Fruit
Fructus

Ananas	Pineapple
Appel	Apple
Avocado	Avocado
Bes	Berry
Citroen	Lemon
Druif	Uva
Framboos	Rubus Idaeus
Granaatappel	Malogranatum
Kers	Cerasus
Kiwi	Kiwi
Kokosnoot	Dolor
Mango	Mango
Meloen	Cucumis
Nectarine	Nectarine
Oranje	Rhoncus
Papaja	Papaya
Peer	Pirum
Perzik	Persicum
Pruim	Pruno
Vijg	Ficus

Gebouwen
Aedificia

Ambassade	Legationem
Appartement	Duis
Boerderij	Farm
Cabine	Cameram
Fabriek	Factory
Garage	Garage
Hotel	Hotel
Kasteel	Castrum
Laboratorium	Nulla
Museum	Museum
Observatorium	Observatorium
School	Schola
Schuur	Horreum
Stadion	Stadium
Supermarkt	Forum
Tent	Tabernaculum
Theater	Theatrum
Toren	Turris
Universiteit	University
Ziekenhuis	Hospitalis

Geografie
Geographia

Atlas	Atlas
Berg	Montem
Breedtegraad	Latitudo
Continent	Continens
Eiland	Insula
Halfrond	Hemisphaerio
Hoogte	Altitudo
Kaart	Map
Land	Patria
Lengtegraad	Longitudinis
Meridiaan	Meridianus
Noorden	North
Oceaan	Oceanum
Regio	Regione
Rivier	Flumen
Stad	Urbem
Wereld	Mundi
Westen	West
Zee	Mare
Zuiden	Meridiem

Geologie
Nederlandicae

Aardbeving	Terraemotus
Calcium	Calcium
Continent	Continens
Erosie	Exesa
Fossiel	Fossile
Geiser	Geyser
Gesmolten	Fusile
Grot	Specus
Koraal	Coral
Kristallen	Crystals
Kwarts	Quartz
Laag	Accumsan
Lava	Lava
Plateau	Plateau
Stalactiet	Stalactite
Steen	Stone
Vulkaan	Volcano
Zone	Mauris
Zout	Sal
Zuur	Acidum

Getallen
Numeri

Acht	Octo
Achttien	Decem et Octo
Dertien	Tredecim
Drie	Tres
Een	Unum
Negen	Novem
Negentien	Undeviginti
Nul	Nulla
Tien	Decem
Twaalf	Duodecim
Twee	Duo
Twintig	Viginti
Veertien	Quattuordecim
Vier	Quattuor
Vijf	Quinque
Vijftien	Quindecim
Zes	Sex
Zestien	Sedecim
Zeven	Septem
Zeventien	Septemdecim

Groenten
Legumina

Artisjok	Cactus
Aubergine	Eggplant
Bloemkool	Brassica
Broccoli	Algentem
Erwt	Pisum
Gember	Gingiber
Knoflook	Allium
Komkommer	Cucumis
Olijf	Olivae
Paddestoel	Fungorum
Peterselie	Petroselinum
Pompoen	Cucurbita
Raap	Rapa
Radijs	Radicula
Salade	Sem
Selderij	Apium
Sjalot	Shallot
Spinazie	Spinach
Ui	Cepa
Wortel	Daucus

Gymnastiek
Gymnasticae

Combinaties	Accumsan
Gymnasium	Gymnasium
Gymnasten	Gymnicis
Handen	Manus
Individueel	Singulis
Kracht	Fortitudo
Krijt	Creta
Muziek	Musica
Rechter	Iudex
Routine	Uno
Springen	Saliendo
Team	Dolor
Trainer	Raeda
Wendbaarheid	Agilitatem

Haartypes
Genera Capillos

Blond	Flavis
Bruin	Brown
Dik	Crassus
Droog	Siccum
Dun	Tenuis
Gekleurd	Coloratum
Gevlochten	Tortis
Gezond	Sanus
Glad	Lenis
Glimmend	Crus
Grijs	Gray
Kaal	Calvus
Kort	Denique
Krullen	Cincinnis
Krullend	Crispus
Lang	Diu
Wit	Albus
Zacht	Mollis
Zilver	Argentum
Zwart	Nigrum

Herbalisme
Herbalism

Aromatisch	Aromaticum
Basilicum	Basilius
Bloem	Flos
Culinair	Culinary
Dille	Anethum
Dragon	Tarragon
Groen	Viridis
Ingrediënt	Ingrediens
Knoflook	Allium
Kwaliteit	Qualitas
Lavendel	Casia
Marjolein	Origani
Oregano	Origanum
Peterselie	Petroselinum
Rozemarijn	Rosmarinus
Saffraan	Crocus
Smaak	Saporem
Tijm	Thymum
Tuin	Hortus
Venkel	Faeniculi

Herfst
Autumnus

Appels	Poma
Boomgaard	Orchard
Branden	Ignes
Eikel	Frugibus,
Equinox	Aequinoctium
Festival	Festum
Kastanjes	Castaneae
Klimaat	Caeli
Maanden	Menses
Migratie	Migratio
Natuur	Natura
Seizoensgebonden	Adipiscing
Vorst	Gelu
Weer	Tempestas

Huis
Domus

Bezem	Genistae
Bibliotheek	Library
Dak	Tectum
Deur	Ostium
Douche	Imber
Garage	Garage
Haard	Foco
Hek	Sepem
Kamer	Locus
Kelder	Fundamentum
Keuken	Vestibulum
Lamp	Lucerna
Meubilair	Supellectilem
Muur	Murum
Plafond	Laquearia
Schoorsteen	Camino
Slaapkamer	Cubiculum
Spiegel	Speculum
Tuin	Hortus
Zolder	Attica

Huisdieren
Pets

Dierenarts	Veterinarius
Geit	Hircum
Hagedis	Lacerta
Hond	Canis
Kat	Felis
Klauwen	Unguibus
Koe	Bos
Konijn	Lepus
Kraag	Torquem
Muis	Mus
Papegaai	Psittacus
Puppy	Puppy
Schildpad	Turtur
Staart	Cauda
Vis	Pisces
Voedsel	Cibum
Water	Aqua

Hulpmiddelen
Instrumenta

Bijl	Securis
Fakkel	Facem
Hamer	Malleus
Heerser	Princeps
Kabel	Mauris
Ladder	Scalam
Lijm	Gluten
Nietje	Solidis
Nietmachine	Ipsum
Schaar	Axicia
Scheermes	Novacula
Schop	Rutrum
Schroef	Stupra
Tang	Pliers
Touw	Funem
Wiel	Rota

Insecten
Insecta

Bidsprinkhaan	Mantis
Bij	Apis
Bladluis	Aphid
Cicade	Cicada
Kakkerlak	Blattam
Kever	Beetle
Larve	Uterus
Libel	Dragonfly
Mier	Ant
Mot	Tinea
Mug	Culex
Sprinkhaan	Grillus
Termiet	Termite
Vlinder	Papilio
Wesp	Wasp
Worm	Vermis

Installaties
Plantis

Bamboe	Bamboo
Bes	Berry
Blad	Folium
Bloem	Flos
Bloesem	Florebit
Boom	Arbor
Boon	Bean
Bos	Silva
Cactus	Cactus
Flora	Flora
Gebladerte	Fronde
Gras	Herba
Klimop	Hedera
Mest	Stercorat
Mos	Muscus
Plantkunde	Botanicam
Struik	Bush
Tuin	Hortus
Vegetatie	Virentia
Wortel	Radix

Kampioenschap
Vindiciae

Finalist	Finalist
Games	Ludos
Kampioen	Fortissimus
Kampioenschap	Vindiciae
Medaille	Numisma
Motivatie	Causam
Prestatie	Euismod
Rechter	Iudex
Sport	Ludis
Strategie	Consilio
Team	Dolor
Toernooi	Torneamentum
Trainer	Raeda
Transpiratie	Sudor
Zege	Victoria

Kastelen
Castella

Draak	Draco
Dynastie	Dynastia
Edele	Nobilis
Eenhoorn	Unicornis
Feodaal	Feudal
Fort	Arce
Harnas	Arma
Katapult	Catapult
Koninkrijk	Regnum
Kroon	Coronam
Muur	Murum
Paard	Equus
Paleis	Palatium
Prins	Principe
Prinses	Principem
Ridder	Eques
Rijk	Imperium
Schild	Scutum
Toren	Turris
Zwaard	Gladium

Keuken
Vestibulum

Cup	Pocula
Eetstokjes	Chopsticks
Grill	Craticulam
Ketel	Lebete
Koelkast	Leo
Kom	Crater
Kruik	Hydria
Lepels	Scyphos
Oven	Clibano
Pollepel	Hauriatur
Recept	Consequat
Servet	Sudario
Specerijen	Aromata
Spons	Spongia
Voedsel	Cibum
Vorken	Tridentes
Vriezer	Mauris

Kleding
Vestimenta

Armband	Armillam
Blouse	Blouse
Broek	Braccae
Handschoenen	Caestus
Hoed	Hat
Jas	Coat
Jasje	Jacket
Jurk	Habitu
Ketting	Monile
Mode	More
Pyjama	Pajamas
Riem	Cingulum
Rok	Lacinia
Sandalen	Sandalia
Schoen	Nulla Nec
Shirt	Shirt
Sieraden	Jewelry
Sjaal	Chlamydem
Sokken	Tibialia
Trui	Sweater

Kleuren
Colores

Azuur	Caerulus
Beige	Beige
Blauw	Blue
Bruin	Brown
Fuchsia	Fuchsia
Geel	Flavum
Grijs	Grey
Groen	Viridis
Oranje	Rhoncus
Paars	Purpura
Rood	Red
Roze	Pink
Wit	Albus
Zwart	Nigrum

Klimmen
Scandere

Atmosfeer	Aeris
Deskundige	Peritus
Fysiek	Corporis
Gidsen	Duces
Grot	Cave
Handschoenen	Caestus
Helm	Galeam
Hoogte	Altitudo
Kaart	Map
Kracht	Fortitudo
Laarzen	Tabernus
Letsel	Iniuriam
Nieuwsgierigheid	Curiositas
Opleiding	Disciplina
Smal	Angusta
Stabiliteit	Stabilitatem

Kunst
Es

Complex	Complexu
Eerlijk	Amet
Figuur	Figura
Geïnspireerd	Inspirati
Humeur	Mood
Keramisch	Tellus
Onderwerp	Subiectum
Origineel	Original
Persoonlijk	Alio
Poëzie	Carmina
Portretteren	Pertrahe
Samenstelling	Compositio
Schilderijen	Picturae
Surrealisme	Surrealism
Symbool	Signum
Uitdrukking	Expressio
Visueel	Visual

Kunstbenodigdheden
Artis Commeatibus

Acryl	Donec
Aquarellen	Watercolors
Borstels	Perterget
Camera	Camera
Creativiteit	Glossarium
Ezel	Otium
Gom	Deleo
Houtskool	Carbones
Inkt	Atramentum
Klei	Lutum
Kleuren	Colores
Lijm	Gluten
Olie	Oleum
Papier	Charta
Potloden	Penicilli
Stoel	Cathedra
Tafel	Mensam
Water	Aqua

Landen #2
Regionibus #2

Denemarken	Daniae
Ethiopië	Aethiopia
Frankrijk	Gallia
Griekenland	Graecia
Ierland	Hibernia
Indonesië	Indonesia
Japan	Japan
Kenia	Kenya
Laos	Laos
Libanon	Libanus
Liberia	Liberia
Maleisië	Elit
Mexico	Mexico
Nepal	Nepal
Nigeria	Nigeria
Oeganda	Uganda
Oekraïne	Ucraina
Rusland	Russia
Somalië	Somalia
Syrië	Syria

Landschappen
Donec

Berg	Montem
Eiland	Insula
Geiser	Geyser
Gletsjer	Glacier
Grot	Cave
Heuvel	Hill
Ijsberg	Iceberg
Meer	Lacus
Moeras	Palus
Oase	Oasis
Oceaan	Oceanum
Rivier	Flumen
Schiereiland	Peninsula
Strand	Beach
Toendra	Tundra
Vallei	Convallis
Vulkaan	Volcano
Waterval	Cataracta
Woestijn	Deserto
Zee	Mare

Literatuur
Litteris

Analogie	Similitudo
Analyse	Analysis
Anekdote	Fabella
Auteur	Auctor
Biografie	Vita
Conclusie	Conclusio
Dialoog	Dialogus
Fictie	Ficta
Gedicht	Carmen
Mening	Sententia
Metafoor	Metaphora
Omschrijving	Description
Poëtisch	Poetica
Rijm	Concordare
Ritme	Numero
Roman	Nove
Stijl	Style
Thema	Argumentum
Tragedie	Tragoedia
Vergelijking	Comparatione

Meditatie
Meditatio

Aandacht	Operam
Aanvaarding	Acceptio
Ademhaling	Spirans
Beweging	Motus
Dankbaarheid	Gratia
Emoties	Affectus
Gedachten	Cogitationes
Geluk	Felicitas
Helderheid	Claritas
Houding	Staturam
Kalm	Tranquillitas
Mededogen	Misericordia
Mentaal	Mentis
Muziek	Musica
Natuur	Natura
Observatie	Observatione
Perspectief	Prospectum
Stilte	Silentium
Vrede	Pacem
Vriendelijkheid	Misericordiam

Meer Informatie
Scientia Ficta

Atoom	Atomicus
Brand	Ignis
Chemicaliën	Chemicals
Denkbeeldig	Imaginaria
Dystopie	Dystopia
Explosie	Crepitus
Extreem	Extrema
Fantastisch	Suspendisse
Futuristisch	Futuristic
Illusie	Illusio
Mysterieus	Arcanum
Orakel	Oraculum
Planeet	Planeta
Romans	Conscripserit
Sterrenstelsel	Galaxia
Technologie	Nulla
Utopie	Utopia
Ver	Distant
Wereld	Mundi

Menselijk Lichaam
Corpus Humanum

Been	Crus
Bloed	Sanguinem
Elleboog	Cubitus
Enkel	Tarso
Hand	Manu
Hart	Cor
Hersenen	Cerebrum
Hoofd	Caput
Huid	Cutis
Kaak	Maxilla
Kin	Mentum
Knie	Genu
Maag	Stomachum
Mond	Ore
Nek	Collum
Neus	Naribus
Oor	Auris
Schouder	Humerum
Tong	Lingua
Vinger	Digitus

Metingen
Mensurae

Breedte	Latitudo
Byte	Byte
Centimeter	Centimeter
Decimaal	Decimales
Diepte	Profundum
Gewicht	Pondus
Graad	Gradus
Gram	Gram
Hoogte	Altitudo
Inch	Inch
Kilogram	Kilogram
Kilometer	Kilometer
Lengte	Longitudo
Liter	Liter
Massa	Massa
Meter	Metri
Minuut	Minutis
Ons	Unciam
Pint	Sextarium
Ton	Ton

Muziekinstrumenten
Organis

Banjo	Banjo
Cello	Cello
Fagot	Bassoon
Fluit	Tibia
Gitaar	Cithara
Gong	Gong
Hobo	Sonata
Klarinet	Tibiae
Klokkenspel	Pleni
Mandoline	Mandolin
Mondharmonica	Harmonica
Percussie	Percussus
Piano	Piano
Saxofoon	Saxophone
Tamboerijn	Tympanum
Trombone	Trombone
Trompet	Tuba
Viool	Vitae

Mythologie
Fabularis

Archetype	Archetypum
Bliksem	Fulgur
Cultuur	Cultura
Donder	Tonitrua
Doolhof	Labyrinthus
Gedrag	Moribus
Held	Heros
Hemel	Caelum
Jaloezie	Zelus
Kracht	Fortitudo
Krijger	Bellator
Legende	Legend
Magisch	Magicalis
Monster	Monstrum
Overtuigingen	Opiniones
Ramp	Cladis
Sterfelijk	Mortale
Triomfantelijk	Triumphantes
Wezen	Creatura
Wraak	Vindictam

Natuur
Natura

Arctisch	Arctic
Bergen	Montes
Bijen	Apes
Bos	Silva
Dieren	Animalia
Dynamisch	Suscipit
Erosie	Exesa
Gebladerte	Fronde
Gletsjer	Glacier
Heiligdom	Sanctuarium
Klippen	Rupes
Mist	Caligo
Rivier	Flumen
Schoonheid	Pulchritudo
Sereen	Serena
Tropisch	Tropical
Vitaal	Vitalis
Wild	Fera
Woestijn	Deserto
Wolken	Nubes

Oceaan
Oceanum

Aal	Anguilla
Boot	Navi
Dolfijn	Delphini
Garnaal	Squilla
Getijden	Aestus
Golven	Fluctus
Haai	Shark
Koraal	Coral
Krab	Cancer
Kwal	Jellyfish
Octopus	Polypus
Oester	Ostrea
Rif	Reef
Schildpad	Turtur
Spons	Spongia
Storm	Tempestas
Tonijn	Tuna
Vis	Pisces
Walvis	Balena
Zout	Sal

Piraten
Piratae

Anker	Anchor
Avontuur	Casus
Bemanning	Cantavit
Eiland	Insula
Gevaar	Periculum
Goud	Aurum
Grot	Cave
Kaart	Map
Kapitein	Captain
Kompas	Decima
Legende	Legend
Litteken	Cicatrix
Oceaan	Oceanum
Papegaai	Psittacus
Rum	Rum
Schat	Thesaurus
Slecht	Malum
Strand	Beach
Vlag	Vexillum
Zwaard	Gladium

Regenwoud
Rainforest

Amfibieën	Amphibia
Botanisch	Botanica
Diversiteit	Diversitas
Gemeenschap	Communitas
Insecten	Insecta
Jungle	Truncatis
Klimaat	Caeli
Mos	Muscus
Natuur	Natura
Overleving	Salutem
Respect	Quantum
Restauratie	Restitutionem
Soort	Species
Toevlucht	Refugium
Vogels	Aves
Waardevol	Pretiosum
Wolken	Nubes
Zoogdieren	Nullam

Restaurant #2
Restaurant #2

Cake	Massae
Diner	Prandium
Eieren	Ova
Fruit	Fructus
Groente	Legumina
Heerlijk	Delectamentum
Ijs	Ice
Lepel	Cochleari
Salade	Sem
Soep	Elit
Specerijen	Aromata
Stoel	Cathedra
Vis	Pisces
Vork	Furca
Water	Aqua
Zout	Sal

Rijden
Pulsis

Auto	Car
Brandstof	Esca
Garage	Garage
Gas	Vestibulum
Gevaar	Periculum
Kaart	Map
Licentie	Licentia
Motor	Motor
Motorfiets	Motorcycle
Ongeluk	Accidens
Politie	At
Remmen	Dumeta
Snelheid	Celeritate
Straat	Platea
Tunnel	Cuniculum
Veiligheid	Salutem
Verkeer	Aenean
Voetganger	Pedestrem
Vrachtauto	Dolor
Weg	Via

Schaken
Latrunculorum

Diagonaal	Diameter
Kampioen	Fortissimus
Koning	Rex
Koningin	Regina
Leren	Discere
Offer	Sacrificium
Passief	Passiva
Punten	Puncta
Reglement	Praecepta
Spel	Ludum
Speler	Ludio Ludius
Strategie	Consilio
Tegenstander	Adversarius
Tijd	Tempus
Toernooi	Torneamentum
Wedstrijd	Certamen
Wit	Albus
Zwart	Nigrum

School #1
School #1

Alfabet	Alphabeti
Antwoorden	Respondet
Bibliotheek	Library
Cijfers	Numeri
Examens	Volutpat
Klaslokaal	Elit
Leraar	Magister
Leren	Discere
Lunch	Prandium
Mappen	Folders
Markeringen	Venalicium
Papier	Charta
Pennen	Calami
Potlood	Graphium
Stoel	Cathedra
Vrienden	Amicis

School #2
School #2

Academisch	Academica
Bibliotheek	Library
Computer	Eu
Gom	Deleo
Grammatica	Grammatica
Kalender	Calendar
Leraar	Magister
Leren	Cognita
Literatuur	Litteris
Onderwijs	Education
Papier	Charta
Pennen	Calami
Potlood	Graphium
Rugzak	Mantica
Schaar	Axicia
Schoenen	Calceamenta
Vrienden	Amicis
Weekend	Weekends
Wetenschap	Scientia
Woordenboek	Dictionary

Specerijen
Aromata

Anijs	Anethum
Bitter	Amara
Chili	Purus
Drop	Liquiritiae
Gember	Gingiber
Kardemom	Amomum
Kerrie	Curry
Knoflook	Allium
Koriander	Coriandri
Nootmuskaat	Nutmeg
Paprika	Paprika
Peper	Piper
Saffraan	Crocus
Smaak	Saporem
Ui	Cepa
Vanille	Vanilla
Venkel	Faeniculi
Zoet	Dulcis
Zout	Sal
Zuur	Acidum

Speelgoed
Nugas

Ambachten	Artes
Auto	Car
Bal	Pila
Boot	Navi
Drums	Tympana
Favoriet	Ventus
Games	Ludos
Klei	Lutum
Pop	Pupa
Puzzel	Puzzle
Robot	Robot
Schaak	Latrunculorum
Trein	Comitatu
Verbeelding	Imaginatio
Vlieger	Milvus
Vliegtuig	Vivamus
Vrachtauto	Dolor

Sport
Ludis

Atleet	Athleta
Basketbal	Ultrices
Beweging	Motus
Golf	Golf
Gymnasium	Gymnasium
Gymnastiek	Gymnasticae
Hockey	Consectetuer
Honkbal	Baseball
Kampioenschap	Vindiciae
Scheidsrechter	Referendarius
Spel	Ludum
Speler	Ludio Ludius
Stadion	Stadium
Team	Dolor
Tennis	Tristique
Trainer	Raeda
Winnaar	Victor

Stad
Oppidum

Apotheek	Atqui
Bakkerij	Pistrinum
Bank	Ripam
Bibliotheek	Library
Bloemist	Florist
Boekhandel	Bookstore
Dierentuin	Exo
Galerij	Gallery
Hotel	Hotel
Kliniek	Eget
Luchthaven	Elit
Museum	Museum
Restaurant	Amet
School	Schola
Stadion	Stadium
Supermarkt	Forum
Theater	Theatrum
Universiteit	University
Winkel	Store

Strand
Beach

Blauw	Blue
Boot	Navi
Dok	Gregem
Eiland	Insula
Handdoek	Linteum
Krab	Cancer
Kust	Ora
Lagune	Lacuna
Oceaan	Oceanum
Paraplu	Umbrella
Rif	Reef
Sandalen	Sandalia
Zand	Harena
Zee	Mare
Zeilboot	Navis
Zon	Sol

Surfen
Superficies

Atleet	Athleta
Beginner	Inceptos
Extreem	Extrema
Golf	Unda
Kampioen	Fortissimus
Kracht	Fortitudo
Maag	Stomachum
Menigte	Turbas
Oceaan	Oceanum
Peddelen	Remus
Populair	Popularis
Rif	Reef
Schuim	Spuma
Snelheid	Celeritate
Stijl	Style
Strand	Beach
Weer	Tempestas

Technologie
Nulla

Bericht	Nuntius
Bestand	File
Browser	Pasco
Camera	Camera
Computer	Eu
Cursor	Cursor
Digitaal	Digital
Gegevens	Data
Internet	Internet
Onderzoek	Research
Scherm	Screen
Software	Software
Veiligheid	Securitatem
Virtueel	Rectum
Virus	Virus

Tijd
Tempus

Dag	Die
Decennium	Decennium
Eeuw	Century
Gisteren	Heri
Jaar	Anno
Jaarlijks	Annua
Kalender	Calendar
Klok	Horologium
Maand	Mense
Middag	Meridies
Minuut	Minutis
Morgen	Cras
Na	Post
Nacht	Nocte
Nu	Nunc
Ochtend	Mane
Toekomst	Futurum
Uur	Hora
Vandaag	Hodie
Week	Septimana

Tuin
Hortus

Bank	Banco
Bloem	Flos
Bodem	Solo
Boom	Arbor
Boomgaard	Orchard
Garage	Garage
Gras	Herba
Hangmat	Hammock
Hark	Sarculum
Hek	Sepem
Onkruid	Zizania
Rotsen	Saxa
Schop	Rutrum
Slang	Hose
Struik	Bush
Terras	Xystum
Trampoline	Trampoline
Tuin	Hortus
Vijver	Eget
Wijnstok	Vitis

Vakantie #1
Vacation #1

Auto	Car
Douane	Consuetudines
Expeditie	Expeditione
Kaartje	Aliquam
Koffer	Vidulus
Meer	Lacus
Museum	Museum
Ontspanning	Consequat
Paraplu	Umbrella
Reisplan	Itinerarium
Rugzak	Mantica
Toerist	Viator
Tram	Tram
Valuta	Monetæ
Vertrek	Discessum
Vliegtuig	Vivamus

Vakantie #2
Vacation #2

Bergen	Montes
Buitenlander	Peregrinus
Buitenlands	Aliena
Eiland	Insula
Hotel	Hotel
Kaart	Map
Kamperen	Castra
Luchthaven	Elit
Paspoort	Singraphus
Reis	Iter
Restaurant	Amet
Strand	Beach
Taxi	Taxi
Tent	Tabernaculum
Trein	Comitatu
Vakantie	Ferias
Vervoer	Nulla
Visum	Visa
Vrije Tijd	Otium
Zee	Mare

Verjaardag
Natalis

Blij	Laeta
Cake	Massae
Dag	Die
Geboren	Natus
Gelukkig	Beatus
Geschenk	Donum
Herinneringen	Memoria
Jaar	Anno
Jong	Iuvenes
Kaarsen	Candelas
Kalender	Calendar
Leren	Discere
Lied	Canticum
Partij	Pars
Speciaal	Specialis
Tijd	Tempus
Uitnodigingen	Invitare
Viering	Celebratio
Vrienden	Amicis
Wijsheid	Sapientia

Vissen
Piscandi

Aas	Esca
Apparatuur	Apparatu
Boot	Navi
Draad	Filum
Geduld	Patientia
Gewicht	Pondus
Haak	Hamo
Kaak	Maxilla
Kieuwen	Branchias
Kok	Coques
Mand	Canistrum
Meer	Lacus
Oceaan	Oceanum
Overdrijving	Augendo
Rivier	Flumen
Seizoen	Temporum
Strand	Beach
Water	Aqua

Vliegtuigen
Airplanes

Afdaling	Descensus
Atmosfeer	Aeris
Avontuur	Casus
Ballon	Balloon
Bemanning	Cantavit
Bouw	Constructione
Brandstof	Esca
Geschiedenis	Historia
Hemel	Caelum
Hoogte	Altitudo
Landen	Portum
Lucht	Aer
Motor	Engine
Navigeren	Navigare
Ontwerp	Consilium
Passagier	Transeunte
Piloot	Gubernator
Richting	Versus
Turbulentie	Ferociam
Waterstof	Consectetuer

Voeding
Nutritionem

Bitter	Amara
Calorieën	Adipiscing
Dieet	Diet
Eetbaar	Edulis
Eetlust	Appetitus
Eiwitten	Servo
Evenwichtig	Libratum
Fermentatie	Fermentum
Gewicht	Pondus
Gezond	Sanus
Gezondheid	Salutem
Koolhydraten	Carbohydrates
Kwaliteit	Qualitas
Saus	Condimentum
Smaak	Saporem
Spijsvertering	Concoctionem
Toxine	Toxin
Vitamine	Vitaminum
Vloeistoffen	Liquores
Voedingsstof	Cibus

Voertuigen
Vehicula

Ambulance	Ambulance
Auto	Car
Banden	Tires
Boot	Navi
Caravan	Comitatum
Helikopter	Helicopter
Metro	Subway
Motor	Motor
Onderzeeër	Submarine
Raket	Eruca
Scooter	Scooter
Taxi	Taxi
Tractor	Tractor
Trein	Comitatu
Veerboot	Porttitor
Vliegtuig	Vivamus
Vlot	Ratis
Vrachtauto	Dolor

Vogels
Aves

Duif	Columbam
Eend	Anatis
Ei	Ovum
Flamingo	Flamingo
Gans	Anserem
Havik	Accipiter
Kip	Pullum
Koekoek	Cuckoo
Kraai	Corvus
Meeuw	Gull
Mus	Passer
Ooievaar	Ciconia
Papegaai	Psittacus
Pauw	Pavo
Pelikaan	Pelican
Reiger	Heron
Struisvogel	Struthionem
Toekan	Toucan
Uil	Noctua
Zwaan	Swan

Vormen
Figuris

Bol	Sphaera
Boog	Arc
Cilinder	Cylindro
Cirkel	Circulus
Curve	Curva
Driehoek	Triangulum
Hoek	Angulo
Kant	Parte
Kegel	Coni
Kubus	Cubus
Lijn	Linea
Ovaal	Ellipsi
Piramide	Pyramidis
Prisma	Prisma
Randen	Oras
Rechthoek	Rectangulum
Ronde	Circum
Veelhoek	Polygonum
Vierkant	Quadratum

Vriendelijkheid
Misericordiam

Aandachtig	Intende
Begrip	Intellectus
Behulpzaam	Benevolens
Betrouwbaar	Certa
Eerbiedig	Reverentior
Eerlijk	Amet
Gastvrij	Hospitalem
Gelukkig	Beatus
Gul	Liberalis
Liefhebbend	Amare
Ontvankelijk	Receptiva
Oprecht	Verum
Patiënt	Patiens
Teder	Mitis
Vriendelijk	Amica

Wandelen
Hiking

Berg	Montem
Dieren	Animalia
Gidsen	Duces
Kaart	Map
Kamperen	Castra
Klimaat	Caeli
Laarzen	Tabernus
Moe	Lassus
Natuur	Natura
Oriëntatie	Orientation
Parken	Parcis
Stenen	Lapides
Top	Culmen
Voorbereiding	Praeparatio
Water	Aqua
Weer	Tempestas
Wild	Fera
Zon	Sol
Zwaar	Gravis

Water
Aqua

Douche	Imber
Geiser	Geyser
Golven	Fluctus
Ijs	Ice
Irrigatie	Irrigationes
Kanaal	Canalis
Meer	Lacus
Moesson	Etesia
Oceaan	Oceanum
Orkaan	Procellae
Overstroming	Diluvium
Regen	Pluvia
Rivier	Flumen
Sneeuw	Nix
Stoom	Vapor
Verdamping	Evaporatio
Vocht	Umor
Vochtig	Humido
Vochtigheid	Humiditas
Vorst	Gelu

Weersomstandigheden
Tempestas

Atmosfeer	Aeris
Bliksem	Fulgur
Donder	Tonitrua
Droogte	Siccitate
Hemel	Caelum
Ijs	Ice
Klimaat	Caeli
Mist	Caligo
Moesson	Etesia
Orkaan	Procellae
Overstroming	Diluvium
Polair	Polar
Regenboog	Mauris
Storm	Tempestas
Temperatuur	Tortor
Tornado	Turbo
Tropisch	Tropical
Vochtig	Humidum
Wind	Ventus
Wolk	Nubes

Wetenschap
Scientia

Atoom	Atom
Chemisch	Eget
Deeltjes	Particulis
Evolutie	Praegressus
Experiment	Experimentum
Feit	Eo
Fossiel	Fossile
Gegevens	Data
Hypothese	Rum
Klimaat	Caeli
Laboratorium	Nulla
Methode	Modus
Mineralen	Mineralibus
Moleculen	Moleculis
Natuur	Natura
Natuurkunde	Physica
Observatie	Observatione
Planten	Plantis
Wetenschapper	Scientist
Zwaartekracht	Gravitatis

Wetenschappelijke Discip
Scientifica Disciplinis

Anatomie	Anatomia
Archeologie	Antiquitatis
Astronomie	Astronomia
Biochemie	Biochemistry
Biologie	Biology
Chemie	Chemia
Ecologie	Oecologia
Fysiologie	Physiology
Geologie	Nederlandicae
Immunologie	Immunology
Mechanica	Mechanica
Meteorologie	Meteorology
Mineralogie	Mineralogy
Neurologie	Neurology
Plantkunde	Botanicam
Psychologie	Duis
Robotica	Robotics
Sociologie	Sociologiae
Voeding	Nutritionem
Zoölogie	Zoologicam

Wiskunde
Math

Bol	Sphaera
Decimaal	Decimales
Diameter	Diam
Divisie	Divisio
Driehoek	Triangulum
Exponent	Exponent
Fractie	Fractio
Geometrie	Geometria
Graden	Gradus
Hoeken	Anguli
Omtrek	Perimeter
Parallel	Parallela
Rechthoek	Rectangulum
Rekenkundig	Arithmetica
Som	Summa
Straal	Radius
Symmetrie	Praeditis
Veelhoek	Polygonum
Vergelijking	Aequatio
Vierkant	Quadratum

Zomer
Aestate

Familie	Familia
Games	Ludos
Herinneringen	Memoria
Huis	Domum
Kamperen	Castra
Muziek	Musica
Ontspanning	Consequat
Reis	Travel
Sandalen	Sandalia
Sterren	Sidera
Strand	Beach
Tuin	Hortus
Voedsel	Cibum
Vreugde	Gaudium
Vrienden	Amicis
Vrije Tijd	Otium
Zee	Mare

Zoogdieren
Nullam

Aap	Simia
Bever	Castor
Coyote	Coyote
Dolfijn	Delphini
Ezel	Asinus
Geit	Hircum
Giraf	Panthera
Gorilla	Orci
Hond	Canis
Kameel	Camelus
Kangoeroe	Macropus
Kat	Felis
Konijn	Lepus
Leeuw	Leo
Olifant	Elephantis
Paard	Equus
Stier	Taurus
Vos	Vulpes
Walvis	Balena
Wolf	Lupus

Gefeliciteerd

Je hebt het gehaald!

We hopen dat u net zoveel plezier beleeft aan dit boek als wij aan het maken ervan. We doen ons best om spellen van hoge kwaliteit te maken.
Deze puzzels zijn op een slimme manier ontworpen zodat je actief kunt leren terwijl je plezier hebt!

Vond je ze mooi?

Een Eenvoudig Verzoek

Onze boeken bestaan dankzij de recensies die zij publiceren.
Kunt u ons helpen door nu een mening achter te laten ?

Hier is een korte link die u naar uw
bestellingen beoordelingspagina.

BestBooksActivity.com/Recensie50

FINAAL UITDAGING!

Uitdaging nr. 1

Klaar voor uw bonusspel? We gebruiken ze de hele tijd, maar ze zijn niet zo gemakkelijk te vinden. Hier zijn **Synoniemen!**

Noteer 5 woorden die je ontdekt hebt in elk van de onderstaande puzzels (nr. 21, nr. 36, nr. 76) en probeer voor elk woord 2 synoniemen te vinden.

Notitie 5 Woorden uit *Puzzle 21*

Woorden	Synoniem 1	Synoniem 2

Notitie 5 Woorden uit *Puzzle 36*

Woorden	Synoniem 1	Synoniem 2

Notitie 5 Woorden uit *Puzzle 76*

Woorden	Synoniem 1	Synoniem 2

Uitdaging nr. 2

Nu je opgewarmd bent, noteer 5 woorden die je ontdekt hebt in elke hieronder genoteerde puzzel (nr. 9, nr. 17, nr. 25) en probeer voor elk woord 2 antoniemen te vinden. Hoeveel regels kan je doen in 20 minuten?

Notitie 5 Woorden uit **Puzzle 9**

Woorden	Antoniem 1	Antoniem 2

Notitie 5 Woorden uit **Puzzle 17**

Woorden	Antoniem 1	Antoniem 2

Notitie 5 Woorden uit **Puzzle 25**

Woorden	Antoniem 1	Antoniem 2

Uitdaging nr. 3

Prachtig, deze finaal uitdaging  is makkelijk voor jou!

Klaar voor de laatste? Kies je 10 favoriete woorden die je in een van de puzzels hebt ontdekt en noteer ze hieronder.

1.	6.
2.	7.
3.	8.
4.	9.
5.	10.

De uitdaging is nu om met deze woorden en binnen een maximum van zes zinnen een tekst te schrijven over een persoon, dier of plaats waar je van houdt!

Tip: U kunt de laatste blanco pagina van dit boek als kladblaadje gebruiken!

Je schrijven:

NOTITIEBOEKJE:

TOT SNEL!

Linguas Classics

GENIET VAN GRATIS SPELLEN

GO

↓

BESTACTIVITYBOOKS.COM/FREEGAMES